国家出版基金项目
NATIONAL PUBLICATION FOUNDATION

『十四五』时期国家重点出版物出版专项规划项目

"一带一路"沿线国家教育研究书系

王英杰 刘宝存 主编

Pakistan

韩
芳

著

巴
基
斯
坦

教
育
研
究

GEP 广西教育出版社 南宁

图书在版编目（CIP）数据

巴基斯坦教育研究 / 韩芳著 . -- 南宁：广西教育
出版社 , 2023.3

（"一带一路"沿线国家教育研究书系 / 王英杰，
刘宝存主编）

ISBN 978-7-5435-9282-7

Ⅰ . ①巴… Ⅱ . ①韩… Ⅲ . ①教育研究－巴基斯坦
Ⅳ . ① G535.3

中国国家版本馆 CIP 数据核字 （2023）第 054874 号

巴基斯坦教育研究
BAJISITAN JIAOYU YANJIU

策　　划：廖民锂
责任编辑：陈亚菲
责任校对：谢桂清　袁妙玲
装帧设计：李浩丽
责任技编：蒋　媛

出 版 人：石立民
出版发行：广西教育出版社
地　　址：广西南宁市鲤湾路 8 号　邮政编码：530022
电　　话：0771-5865797
本社网址：http://www.gxeph.com
电子信箱：gxeph@vip.163.com
印　　刷：广西民族印刷包装集团有限公司
开　　本：787mm×1092mm　1/16
印　　张：11.5
字　　数：183 千字
版　　次：2023 年 3 月第 1 版
印　　次：2023 年 3 月第 1 次印刷
书　　号：ISBN 978-7-5435-9282-7
定　　价：38.00 元

（如发现图书有印装质量问题，影响阅读，请与出版社联系调换。）

序

2013 年，习近平总书记提出共建"丝绸之路经济带"和"21 世纪海上丝绸之路"的重大倡议（以下简称"一带一路"倡议）。2015 年 3 月 28 日，我国政府正式发布《推动共建丝绸之路经济带和 21 世纪海上丝绸之路的愿景与行动》。建设"丝绸之路经济带"和"21 世纪海上丝绸之路"（以下简称"一带一路"），是党中央、国务院主动应对全球形势深刻变化、统筹国内国际两个大局做出的重大战略决策。"一带一路"建设秉持和平合作、开放包容、互学互鉴、互利共赢的理念，全方位推进与沿线国家的务实合作与交流，打造政治互信、经济融合、文化包容的利益共同体、命运共同体和责任共同体，促进沿线国家经济繁荣发展，加强文明交流共享，促进世界和平发展，全面推动人类命运共同体建设。

"一带一路"贯穿亚欧非大陆，沿线各国资源禀赋各异，经济互补性较强，彼此合作的潜力和空间很大，合作的主要内容是实现沿线各国之间的政策沟通、设施联通、贸易畅通、资金融通、民心相通（以下简称"五通"）。在推进"一带一路"建设和促进人类命运共同体建设的进程中，教育有着举足轻重的地位，承担着独特的使命，发挥着基础性、支撑性、引领性的作用。所谓基础性作用，主要是指教育是"五通"的基础，特别是民心相通的基础。沿线国家历史文化不同，宗教信仰各异，政治体制多样，地缘政治复杂，经济发展水平不一。因此，"五通"首先要民心相通。要实现民心相通，主要是通过教育，促进"一带一路"沿线国家人民的相互了解、相互理解、相互信任、相互尊重，增进彼此间的友谊。所谓支撑性作用，主要是指教育特别是高等教育具有人才培养、科学研究、社会服务、文化交流等多种职能，可以通过其知识优势、智力优势、人才优势为"一带一路"倡议提供全方位的支持，为探索和建设新的国际合作以及全球治理新模式贡献宝贵智慧。所谓引领性作用，则是指教育不但要与"五通"的方向和要求相一致，而且必须优先发展，为其他方面的发展奠定坚实的基础。

因此，2016年，教育部牵头制订了《推进共建"一带一路"教育行动》，通过积极推动教育互联互通、人才培养培训合作和共建丝路合作机制，对接"一带一路"沿线各国意愿，互鉴先进教育经验，共享优质教育资源，聚力构建"一带一路"教育共同体，形成平等、包容、互惠、活跃的教育合作态势，促进区域教育发展，全面支撑共建"一带一路"。"一带一路"教育共同体建设，要求加强对"一带一路"国家和区域的教育体系的研究，实现我国与沿线国家教育发展的战略对接、制度联通和政策沟通，实现区域教育治理理论的突围及重建，构建兼顾统一性与差异性的区域教育合作框架，构建科学的教育合作和交流机制，并在教育体系方面做出相应的制度安排及调整。"一带一路"沿线地域广袤，除了中国，还涉及东亚、东南亚、南亚、西亚、中东欧、中亚等地区的65个国家，这些国家在政治制度、经济发展、文化传统等方面都存在较大差异，因此也导致教育体系上有很大差异。我国在制定相应教育合作政策时不可能采取"一刀切"的粗放式做法，必须根据各个国家教育体系的实际情况采取差异化政策，有效实现与"一带一路"沿线国家的教育战略对接、制度联通、政策沟通。然而，客观地讲，我们对"一带一路"沿线国家的教育发展情况了解不多。传统上，由于改革开放后我国教育制度重建和经验借鉴的需要，以国外教育为主要研究对象的比较教育学科长期聚焦美国、英国、法国、德国、俄罗斯／苏联、日本等少数几个国家，即使是在20世纪90年代以后逐渐扩大研究对象国，澳大利亚、加拿大、新加坡、韩国、印度、芬兰、瑞典、挪威、西班牙、荷兰、南非、巴西等国相继被纳入研究范围，关于大多数"一带一路"沿线国家教育的研究仍然处于简单介绍的阶段，对于不少国家的研究仍然处于空白状态，严重影响了我国与"一带一路"沿线国家的教育合作与交流，影响了"一带一路"教育共同体的建设。

正是在这样的大背景下，我们申报了教育部哲学社会科学研究重大课题攻关项目"'一带一路'国家与区域教育体系研究"并成功获批。该课题是一项关于"一带一路"国家与区域教育体系的综合性研究，根据课题设计，研究内容虽然也包括关于"一带一路"国家与区域教育体系的基本理论，但是重点在于对东亚、东南亚、南亚、西亚、中东欧、中亚等地区的国家和区域教育体系的研究，了解不同国家的教育文化传统、现行学制和教育行政管理制度、最新教育政策、教育合作及交流政策与需求，弄清区域组织的教育政策及其对各国教育体系影响的途径与机制、区域内主要国家对区域教育政策及其他国家教育体系影响的途径与机制以及不同区域教育体系的基本特征。在国别与区域研究的基础上，课题进行"一带一路"国家与区域教育体系的比较研究，分析"一带一路"国家和区域教育文化传统、教育制度、教育政策、教育发展水平的共同性与差异性，弄清"一带一路"国家和区域教育体系的共同性与差异性的影响因素。在比较研究的基础上，课题再聚焦"一带一路"教育共同体建设的理论构建与战略选择，讨论"一带一路"教育共同体建设的理论突围，区域和全球教育治理理论模型构建，兼顾统一性与差异性的教育合作框架构建，我国与"一带一路"沿线国家的教育战略对接、制度联通和政策沟通，面向"一带一路"共同体建设的教育合作和交流机制构建，我国在教育体系上的制度安排与调整等政策性问题。

该课题的研究工作得到广西教育出版社的大力支持。广西教育出版社出于出版人的社会责任感和使命感，与我们联合策划了"'一带一路'沿线国家教育研究书系"，选择28个"一带一路"沿线国家开展系统研究，每个国家独立成册,分辑出版。为了全面反映"一带一路"沿线国家教育的全貌,并体现丛书的特征,我们统一了每册的篇章结构,使之分别包括研究对象国教育的社会文化基础、历史发展、基本制度与政策、学前教育、基础教育、高等教育、职业教育、教师教育以及教育改革走向。在统一要求的同时,各册可以根据研究对象国教育的实际情况,适度调整研究内容,使之反映研究对象国教育的特殊性。

"'一带一路'沿线国家教育研究书系"涉及国家较多,既有研究相对薄弱,在语言、资料获取等方面也困难重重。我们有幸获得一批志同道合者的大力支持,他们来自国内外不同的高等院校和研究机构,在百忙之中承担了各册的撰写任务,使得丛书得以顺利完成,在此我们谨向各册作者表示崇高的敬意和衷心的感谢!

"'一带一路'沿线国家教育研究书系"的出版,只是我们"一带一路"国家和区域教育体系研究的阶段性成果,粗陋之处在所难免,且各对象国研究基础存在差异,各册的研究深度也难免有一定差距,希望得到各位专家学者的批评指正。我们也衷心希望在"一带一路"教育领域涌现更多、更高水平的研究成果,为"一带一路"倡议的实施和"一带一路"教育共同体的建设提供有力的支撑,为教育学科特别是比较教育学科的繁荣发展赋能。

王英杰　刘宝存
于北京师范大学
2022 年 2 月

前　言

　　巴基斯坦是我国的友好邻邦，是"一带一路"的关键节点。梳理巴基斯坦教育的社会文化基础和历史发展，呈现巴基斯坦的教育制度与政策，解析学前教育、基础教育、高等教育、职业技术教育和教师教育的基本现状，探析巴基斯坦教育的改革走向，不仅有助于了解巴基斯坦教育的历史与现状，理解巴基斯坦教育背后的社会文化因素，而且有助于增进中巴两国人民的相互理解和合作交流，为中巴两国进一步的教育交流合作奠定基础。

　　巴基斯坦是南亚多民族国家，人口逾2亿，实行联邦议会制。同时，巴基斯坦是梅赫尔格尔文明、哈拉巴文明和犍陀罗文明的继承者，有多种宗教性和世俗性节日，主要宗教包括伊斯兰教、印度教、基督教等。

　　巴基斯坦教育发展经历了古代教育、近代教育和现代教育三个时期。古代教育时期，以印度教、佛教和传统伊斯兰教的宗教教育为主；近代教育时期，世俗教育的引入促进了近代伊斯兰教育的发展；现代教育时期，基于国父等对教育改革的构想，巴基斯坦教育得到了较为充分的发展。

　　巴基斯坦已形成比较完备的学校教育制度。学校教育分为初等教育、中等教育和高等教育三个阶段，归属于公立教育、私立教育和宗教教育三大教育体系，主要采用乌尔都语和英语作为教学语言。巴基斯坦学校教育管理实施联邦政府指导协调下的省级负责制。

　　整体上看，巴基斯坦教育发展具有重视政策规划、接受国际援助、认可私立教育机构、吸纳非政府教育组织、重视教育扫盲工作和保持伊斯兰教育传统等特色。同时，巴基斯坦教育面临着教育总体水平有待提高、净入学率有待提高、教育地区差异较大等问题和挑战，未来巴基斯坦教育将有五方面发展趋势，即加大教育经费投入、深化国家课程改革、注重青年技能培养、提升教师队伍质量、创新中巴教育交流。

联合国教科文组织在《反思教育：向"全球共同利益"的理念转变？》中指出，教育和知识是全球共同利益，教育是"人类在本质上共享并且互相交流的各种善意"。介绍巴基斯坦的教育背景、现状并探析其发展趋势，能让我们更加了解巴基斯坦的教育发展情况和人民。

韩芳

2022 年 3 月

目 录

第一章
巴基斯坦教育的
社会文化基础

巴基斯坦是印度河文明的继承者。巴基斯坦历史上多种政治、宗教和地区身份，正是这种文明的体现。"巴基斯坦有权称自己是历史和文化传统的直系继承人，从古代的达罗毗荼人、雅利安人、印度人、波斯人、希腊人和佛教徒，一直到其受阿拉伯、中亚和印度影响而存在 13 个世纪之久的伊斯兰遗产，都是其传统的重要内容。"[1]

巴基斯坦独特的历史、社会、文化和宗教等因素，积淀成巴基斯坦社会的精神力量，这些力量支撑着巴基斯坦社会的进一步发展和教育的演进，并为之提供充分的解释和说明。

---

① 马里克.巴基斯坦史［M］.张文涛，译.北京：中国大百科全书出版社，2010：2.

第一节　历史基础

巴基斯坦是一个年轻的国家，却是一个古老的社会，印度河流域文化的发源地就在今天的巴基斯坦境内。[①]巴基斯坦国家的建立是古代社会、穆斯林统治和英国殖民三个历史阶段积淀的成果。

从约 50 万年前至公元 7 世纪的古代社会时期，巴基斯坦经历了从村落、农耕社会、城邦、王国到封建社会的发展演变过程。随后，巴基斯坦进入从公元 8 世纪初到莫卧儿王朝的穆斯林统治时期。从 18 世纪中期开始至 1947 年，巴基斯坦处于英国殖民时期，其间，莫卧儿王朝于 1857 年灭亡。1947 年印巴分治；同年 8 月 14 日，巴基斯坦宣告独立，成为英联邦的一个自治领。1956 年，巴基斯坦伊斯兰共和国成立。

一、古代社会时期

约 50 万年前，在位于巴基斯坦拉瓦尔品第以南的索安河河谷即有人类活动，他们以打猎为生，使用砾石制作砍削器、砍劈工具和刮削器。[②]这种生活方式被称为索安河文化，该文化被认为是巴基斯坦最早的史前文化。[③]约公元前 6000 年，在巴基斯坦俾路支地区的河谷地带和山脚平地出现了小型村落，村落里的人们通过打猎、种植大麦等作物获取食物，史称俾路支村落文化。公元前 2800 年左右，信德省开启城市文化。公元前 2500 年左右，在今信德省拉尔卡纳县的摩亨佐·达罗和旁遮普省蒙哥马利县的哈拉巴形

---

① 李德昌. 巴基斯坦的政治发展：一九四七——一九八七［M］. 成都：四川大学出版社，1989：1.
② 李德昌. 巴基斯坦的政治发展：一九四七——一九八七［M］. 成都：四川大学出版社，1989：1-2.
③ 达尼. 巴基斯坦简史：第一卷［M］. 四川大学外语系翻译组，译. 成都：四川人民出版社，1974：50.

成了成熟的城市文化，史称印度河文明或哈拉巴文明。[①]

公元前 2000 年左右，生活在中亚的雅利安人入侵印度河流域，由此揭开了持续几个世纪的外族入侵南亚次大陆的历史。雅利安人最先居住在中亚和高加索一带。《吠陀》是雅利安人祭神用的颂歌、经文和咒语的汇编，也是雅利安人最古老的文学作品。公元前 1500 年至公元前 900 年，史称"早期吠陀时代"。此时期，雅利安人开始从发展畜牧业转向发展农业，使用木犁和牛耕技术，从事金工、木工、皮革工和陶工等手工业，父系大家族成为社会的基本经济单位，氏族部落内部出现贵族阶层——祭司和武士；同时，部落为满足征战需要，开始实行军事民主制，其构成包括部落首领、长老议事会和人民大会。[②]公元前 900 年至公元前 700 年，史称"后期吠陀时代"。此时期，农业生产使用铁器，生产力水平进一步提高，农业、手工业和商业繁荣；僧侣和世俗贵族权力进一步加强，氏族贵族成为统治阶级，部落首领转变为真正的国王。这些阶级国家是一个个以城市为中心的小王国，故称城邦。犍陀罗、开卡亚、摩德罗是印度河流域上游旁遮普地区三个著名的城邦国家。[③]

雅利安人之后，希腊人、波斯人、塞种人、月氏人、突厥人等先后入侵南亚，而巴基斯坦所处的次大陆西北部则是外族入侵的首要目标。[④]公元前 519 年起，波斯统治巴基斯坦西部地区；公元前 327 年，亚历山大大帝曾率兵攻占该地；约公元前 321 年，孔雀王朝的旃陀罗笈多占领该地，孔雀王朝衰落后巴基斯坦被印度-希腊人统治，后被斯基泰人和帕提亚人统治；公元 2 世纪之后被贵霜帝国统治，贵霜帝国国王迦腻色迦当政时期（129—152 年），王朝疆域扩至克什米尔和喜马拉雅山以北的莎车和和田；公元 3 世纪至 4 世纪，今巴基斯坦南部被萨珊王朝控制；公元 4 世纪起，这里被笈多王朝统治；5 世纪末期，来自中亚的白匈奴逐步把疆域扩张到该地区。[⑤]

---

① 李德昌.巴基斯坦的政治发展：一九四七—一九八七［M］.成都：四川大学出版社，1989：2.
② 杨翠柏，刘成琼.巴基斯坦［M］.北京：社会科学文献出版社，2005：56-57.
③ 杨翠柏，刘成琼.巴基斯坦［M］.北京：社会科学文献出版社，2005：57.
④ 孔亮.巴基斯坦概论［M］.广州：世界图书出版广东有限公司，2016：1-2.
⑤ 中国地图出版社.巴基斯坦［M］.北京：中国地图出版社，2018：146.

公元 6 世纪至公元 7 世纪，巴基斯坦封建社会逐渐形成。①

二、穆斯林统治时期

公元 711 年，来自阿拉伯半岛的穆斯林军队在今巴基斯坦的卡拉奇附近登陆，占领信德等地，标志着伊斯兰教开始在南亚传播。此后，伊斯兰文化不断发展，并与当地传统文化相结合，孕育出印度伊斯兰文化和穆斯林群体。② 阿拉伯帝国退出之后，这里被兴起于恒河三角洲一带的波罗王朝统治。11 世纪初，巴基斯坦西北部处于阿富汗加兹尼王朝统治之下。12 世纪初，古尔王朝取代加兹尼王朝。1206 年，库特布·艾伯克建立奴隶王朝，巴基斯坦和印度开始处于同一政权统治之下。此后 300 年间历经了 6 个王朝（德里苏丹王朝）。③ 1526 年，巴卑尔自阿富汗南下入侵印度，建立莫卧儿王朝（1526—1857 年）。

三、英国殖民时期

1600 年，英国女王伊丽莎白一世批准不列颠东印度公司负责东方贸易。1608 年，东印度公司第一批船只到达印度，在今古吉拉特的苏拉特城入港。到 17 世纪中叶，东印度公司先后在苏拉特、孟买、加尔各答和马德拉斯设立代理机构。1670 年，查理二世准许东印度公司获得获取领土、在控制区内建立军队，以及铸造钱币等权力。17 世纪的最后 10 年，东印度公司成为南亚次大陆的统治者。1757 年，普拉西战役爆发，印度战败，标志着巴基斯坦随印度被英国殖民统治之始。

四、巴基斯坦建国

1940 年，穆罕默德·阿里·真纳领导下的穆斯林联盟在拉合尔召开全国会议，通过了建立巴基斯坦的决议。1947 年 6 月，英国公布蒙巴顿方案，同意印巴分治。1947 年 7 月，英国议会通过蒙巴顿方案，印巴两国以自治

领的形式获得独立，保留总督，分别成立制宪议会和政府。1947 年 8 月 14 日，巴基斯坦宣布独立，成为英联邦的自治领。1956 年 3 月 23 日，巴基斯坦颁布第一部宪法，改自治领为伊斯兰共和国，定国名为巴基斯坦伊斯兰共和国。①

第二节　社会基础

巴基斯坦是南亚多民族国家，政治以联邦议会制为基础，经济发展表现为波动性增长态势。

一、地理区划

巴基斯坦国土面积约 79.6 万平方千米（不包括巴控克什米尔地区），位于南亚次大陆西北部，为南亚通往西亚、中亚陆上交通的必经之地，东接印度，东北与中国毗邻，西北与阿富汗交界，西邻伊朗，南濒阿拉伯海，是联系中亚、西亚、南亚和中东地区的关键节点。

从地形上看，巴基斯坦地形狭长，北部和西部都是山地和高原，蒂里奇米尔峰海拔 7 690 米，为兴都库什山脉最高峰；东南部为印度河平原，地势低平；东南部和西南部有大片沙漠。巴基斯坦除南部属热带气候外，其余属亚热带气候，山地冬寒夏凉，平原冬暖夏热②。

巴基斯坦共有 4 个省和 1 个联邦特区（伊斯兰堡首都特区）。4 个省分别为旁遮普省、信德省、俾路支省和开伯尔–普什图赫瓦省，首府分别是拉合尔、白沙瓦、奎达和卡拉奇。

旁遮普省人口占全国总人口的 60%，是巴基斯坦人口最为稠密的省份。拉合尔有大学、出版社、艺术画廊和南亚最古老的国家艺术学院，被视为巴基斯坦的文化首都。③

---

① 中国地图出版社.巴基斯坦［M］.北京：中国地图出版社，2018：147.

② 中国地图出版社.巴基斯坦［M］.北京：中国地图出版社，2018：64.

③ 马里克.巴基斯坦史［M］.张文涛，译.北京：中国大百科全书出版社，2010：10-11.

信德省是巴基斯坦人口第二多的大省。讲信德语的居民大多生活在腹地，被认为是古代生活在印度河流域的达罗毗荼人的后裔，人口占全国人口的 20%。讲乌尔都语的居民居住在卡拉奇、海得拉巴和苏库尔等城市。卡拉奇被称为巴基斯坦的金融首都，是巴基斯坦唯一的港口和最大的城市。①

俾路支省是巴基斯坦面积最大的省，位于印度河西岸，与阿富汗、伊朗和阿拉伯海相邻。俾路支省是农业地区，缺少水资源，但蕴藏着大量的其他自然资源，同时战略位置增加了其在地缘政治中的重要性。②

开伯尔－普什图赫瓦省位于巴基斯坦的西北部，是一块由山脉、山口和山谷构成的地域，居民大多是普什图族人，住在毗邻阿富汗的地带。③

二、民族分布

巴基斯坦的民族由历史上的达罗毗荼人、雅利安人、希腊人、土耳其人、波斯人、阿富汗人、阿拉伯人和蒙古人长期融合而成，当前主要民族有旁遮普族、普什图族、信德族、俾路支族和布拉灰族。

旁遮普族居住在旁遮普省，属雅利安人种，混有蒙古人血统。普什图族由波斯人和突厥人融合形成，属欧罗巴人种印度帕米尔型，多居住在开伯尔－普什图赫瓦省和俾路支省的东北部。信德族属雅利安人的伊朗族系，兼具希腊人、阿拉伯人和突厥人的血统，主要分布在信德省，印度河下游的海得拉巴、拉斯贝拉和卡拉奇是信德人的主要聚居地。俾路支族是一个跨境民族，巴基斯坦的俾路支族主要生活在俾路支省。布拉灰族主要分布在俾路支省中部的卡拉特一带，少量居于奎达和信德省北部。④

除以上 5 个民族，巴基斯坦境内还有一些族群，如奇特拉尔人、卡拉什人、科希斯坦人和帕西人等。这些族群主要分布在巴基斯坦北部和西部的山区。奇特拉尔人聚居于开伯尔－普什图赫瓦省的奇特拉尔县，大多信仰伊斯兰教。卡拉什人主要居住在奇特拉尔县。科希斯坦人主要集中在斯瓦特县。帕西人聚居于卡拉奇等大城市内，讲古吉拉特语。此外，信德省

---

① 马里克.巴基斯坦史［M］.张文涛，译.北京：中国大百科全书出版社，2010：12.
② 马里克.巴基斯坦史［M］.张文涛，译.北京：中国大百科全书出版社，2010：13.
③ 马里克.巴基斯坦史［M］.张文涛，译.北京：中国大百科全书出版社，2010：14.
④ 中国地图出版社.巴基斯坦［M］.北京：中国地图出版社，2018：150-151.

的讷瓦布沙阿和海得拉巴等地还分布有少量古吉拉特人。①

三、人口状况

在 1947 年时，巴基斯坦今天的领土范围内有 3 700 万居民，到 2007 年初，巴基斯坦人口已经达到 1.6 亿，青年占 65%。②截至 2019 年，巴基斯坦人口总数为 2.165 65 亿，人口年度增长率为 2%。其中，15 ~ 24 岁人口有 4 233.8 万，14 岁及以下人口有 7 591.5 万（占总人口的 35%）；农村人口占总人口的 63%。③人口的持续上涨导致有限的资源更加紧张。

为充分利用青年人口红利，巴基斯坦政府将青年的教育和技能发展作为促进有效就业的优先事项，推出了"全民技能"（Skills for All）和"青年创业计划"（Youth Entrepreneurship Scheme）项目。

四、政治制度

根据巴基斯坦 1973 年宪法，巴基斯坦实行两院制，由国民议会和参议院组成。国民议会是议会的下议院，巴基斯坦的主权立法机构，其成员通过直接和自由投票依法选举产生。国民议会对行政机关进行监督，确保政府在宪法规定的范围内运作，不侵犯公民的基本权利。参议院是议会的上议院，给予所有联邦单位平等的代表权。④最高法院是宪法和法律的最终仲裁者，所有行政和司法当局都必须采取行动协助最高法院。⑤总统由议会两院和省议会的议员选举产生。总理是内阁的首脑，其职责是协助和建议总统履行其职能。内阁成员由总统根据总理的建议任命，75% 来自国民议会，25% 来自参议院。⑥

巴基斯坦的第二层管理依靠 4 个省份，各省有独立的、由选举产生的

---

① 孔亮 . 巴基斯坦概论 ［M］. 广州：世界图书出版广东有限公司，2016：133.

② 马里克 . 巴基斯坦史 ［M］. 张文涛，译 . 北京：中国大百科全书出版社，2010：9.

③ UNESCO.Pakistan. ［EB/OL］. ［2021-10-17］.http://uis.unesco.org/en/country/pk?theme=culture.

④ Senate of Pakistan ［EB/OL］. ［2021-09-12］.http://senate.gov.pk/en/index.php?id=-1&cattitle=Home.

⑤ Supreme court of Pakistan ［EB/OL］. ［2021-09-12］.https://www.supremecourt.gov.pk/.

⑥ Observance of the rules of procedure ［EB/OL］. ［2021-09-12］.http://na.gov.pk/en/content.php?id=1.

地方议会，首席部长及其内阁组成地方政府。第三层管理依靠乡村、城镇、县区的地方政府。①

巴基斯坦现有 200 个左右的政党，主要政党有巴基斯坦穆斯林联盟（谢里夫派）、巴基斯坦人民党、正义运动党、巴基斯坦穆斯林联盟（领袖派）、统一民族运动党、人民民族党、伊斯兰促进会、伊斯兰神学者协会等。②

五、经济发展

1947 年，巴基斯坦人均收入 100 美元，农业几乎占经济产出的 50%，几乎没有制造业。③ 到 2016 年，人均收入 1 468 美元，增长了 13 倍多。巴基斯坦是世界第三大大米出口国，每年出口 200 万至 300 万吨大米。巴基斯坦也是世界五大纺织品生产国之一。④ 从产业分布看，2018 年，巴基斯坦农业所占份额降至 20%，牲畜、乳制品、羊肉、牛肉、家禽和类似的其他产品占农业产出的 55%。制造业和工业占国民收入的 25%；服务业的产出占国内生产总值（GDP）的 55%，主导着国民经济发展。⑤2021 财年，巴基斯坦农业、工业和服务业产出分别增长 2.77%、3.57% 和 4.43%。⑥

自 2018 年以来，巴基斯坦政府推动了社会经济改革，GDP 增长率从 2016 年的 5.6% 上升到 2018 年的 5.8%。⑦

21 世纪以来，巴基斯坦减贫取得了显著的成绩。从 2001 年到 2015 年，巴基斯坦贫困率从 64.3% 下降到 24.3%，2 300 多万人摆脱了贫困，但农村地区（30.7%）和城市地区（12.5%）之间的贫困率差异仍然很大，气候变

---

① 马里克.巴基斯坦史［M］.张文涛，译.北京：中国大百科全书出版社，2010：22.

② 中国地图出版社.巴基斯坦［M］.北京：中国地图出版社，2018：120.

③ HUSAIN I.Pakistan's economy and regional challenges［J］.International studies，2018，55（3）：253–270.

④ HUSAIN I.Pakistan's economy and regional challenges［J］.International studies，2018，55（3）：253–270.

⑤ HUSAIN I.Pakistan's economy and regional challenges［J］.International studies，2018，55（3）：253–270.

⑥ Economic Adviser's Wing，Finance Division.Pakistan economic survey 2020-21［R］.Islamabad：Economic Adviser's Wing，Finance Division，2021：Overview of the Economy vi.

⑦ UNICEF Pakistan.Annual report 2020［R］.Islamabad：UNICEF Pakistan，2021：15.

化和与灾害风险有关的脆弱性加剧了减贫的挑战。①巴基斯坦启动了社会保障和减贫项目 Ehsaas 计划，该计划由 140 多个子项目和计划组成，旨在以整体方式实现减贫。②

六、宗教情况

巴基斯坦全称是"巴基斯坦伊斯兰共和国"，约有 97% 的人口信奉伊斯兰教，另有占总人口 3% 左右的人口信奉印度教、基督教、袄教和锡克教等。③

（一）伊斯兰教

伊斯兰教形成于公元 7 世纪初。7 世纪中叶，少量阿拉伯移民和商人在印度西南部沿海城市定居并与当地人通婚，开启了伊斯兰文明在南亚传播的进程。8 世纪中叶，阿拉伯军队征服印度河流域，极大地推动了伊斯兰教在南亚次大陆的传播与发展。

（二）其他宗教

印度教是在婆罗门教基础上，吸收其他宗教思想演化而来的。印度教教徒大多居住在信德省内陆地区，少数分布于旁遮普省和俾路支省。④

基督教在莫卧儿王朝时期传入南亚次大陆。基督教徒主要集中在旁遮普省。⑤巴基斯坦的基督教教会重视教育，创办了很多学校，以及研究机构、工业服务会和医学会等。⑥

袄教于公元前 6 世纪创建于波斯东部，曾广泛传播，并一度成为波斯帝国的国教，后因伊斯兰教的传播而衰落。从 15 世纪起，部分袄教信徒开始由波斯移居到信德海岸地区。在今巴基斯坦的俾路支省、信德省和旁遮

---

① The World Bank.Balochistan livelihoods and entrepreneurship project（P159292）［R］.［S.l.］：The World Bank，2020：6.

② Economic Adviser's Wing，Finance Division.Pakistan economic survey 2020-21［R］.Islamabad：Economic Adviser's Wing，Finance Division，2021：Overview of the economy vii.

③ 孔亮.巴基斯坦概论［M］.广州：世界图书出版广东有限公司，2016：150.

④ 马里克.巴基斯坦史［M］.张文涛，译.北京：中国大百科全书出版社，2010：20.

⑤ 马里克.巴基斯坦史［M］.张文涛，译.北京：中国大百科全书出版社，2010：20.

⑥ 孔亮.巴基斯坦概论［M］.广州：世界图书出版广东有限公司，2016：180.

普省，仍留存着古代祆教的拜火神庙。① 巴基斯坦独立时，在卡拉奇和拉合尔有繁荣的祆教信徒商业社区。②

巴基斯坦的大部分锡克教教徒在旁遮普省，他们或从事商业活动，或依附于锡克教圣地。③

第三节　文化基础

印度河是整个南亚次大陆文化史的象征④，而巴基斯坦是"印度河文明的继承者，是世界上持续至今的古文明之一"⑤。

一、古代文明

巴基斯坦处于梅赫尔格尔文明、哈拉巴文明和犍陀罗文明三个古代文明的交会点，是古代印度河文明的继承者。

（一）梅赫尔格尔文明

据估计，梅赫尔格尔文明在公元前 6500 年达到顶峰。梅赫尔格尔留存着人类生活方式从狩猎采集向耕种放牧（包括驯养动物和种植包括棉花在内的农作物等）转变的痕迹。⑥

梅赫尔格尔文明位于巴基斯坦俾路支省的卡奇平原，遗址所在地是南亚地区最早的农业和畜牧地点之一。它受到近东新石器时代文化的影响，在驯化动植物品种、定居方式和陶器制作等手工业技术方面与其有相似性。⑦

（二）哈拉巴文明

印度河流域孕育出的印度河文明代表了青铜时代南亚地区农业文明的最高水平。印度河自古以来是巴基斯坦的生命线，是"整个南亚次大陆文

① 孔亮.巴基斯坦概论［M］.广州：世界图书出版广东有限公司，2016：180-181.
② 孔亮.巴基斯坦概论［M］.广州：世界图书出版广东有限公司，2016：181.
③ 马里克.巴基斯坦史［M］.张文涛，译.北京：中国大百科全书出版社，2010：21.
④ 马里克.巴基斯坦史［M］.张文涛，译.北京：中国大百科全书出版社，2010：25.
⑤ 马里克.巴基斯坦史［M］.张文涛，译.北京：中国大百科全书出版社，2010：2.
⑥ 中国地图出版社.巴基斯坦［M］.北京：中国地图出版社，2018：146.
⑦ 赵东升.印度河文明行记［J］.大众考古，2020（12）：25-35.

化史的象征"，印度河及其支流润及地区孕育了印度河文明。①

印度河文明又称哈拉巴文明。哈拉巴文明在地域分布上极为广阔，与今巴基斯坦的大部分国土重合，西自南俾路支海滨，东到恒河与亚穆纳河的河间地，北起喜马拉雅山南麓的鲁帕尔，南至讷尔默达河以南，东西横跨 1 600 千米，南北相距 1 100 千米。②

古代印度河流域的居民被称为达罗毗荼人，是他们创造了哈拉巴文明。公元前 3000 年左右，达罗毗荼人已经在印度河沿岸从事灌溉农业，驯养牲畜，种植棉花，从事一定的商贸活动，渐渐形成了发达的古代城市文明。出色的生产技艺创造了在当时看来非常丰富、繁荣和先进的物质文明。③

哈拉巴文明以农耕为主，主要农具有青铜的齿耙、镰刀等，牛是主要畜力，农作物以大麦、小麦为主，普及的作物有枣、芝麻，牛、羊、家禽、鱼等都是食物。城市之间有贸易往来，当地居民具有一定的文字表达能力，精美的立体雕塑显示了较高的艺术水平，宗教是生活中不可或缺的组成部分。④

哈拉巴文明属于典型的大河农业文明，以成熟、发达的城市文化为标志，其中又以哈拉巴（位于旁遮普省）和摩亨佐·达罗（位于信德省）等城市遗址知名度最高。以摩亨佐·达罗城市遗址为例，这座建成于约公元前 2600 年的古代城市，外部有高大的城墙，内部布局整齐，道路纵横交错，房屋错落有致。建筑的主要材料为火烧制砖，易于取材且耐久度高。多数房屋内部分隔出卧室、厨房、浴室和贮藏室；每户有一口水井，城内水井遗迹共计 700 多个。城内设有大型粮仓、浴池，制陶、纺织、印染作坊，以及地下排水管道系统。该遗址的规划设计、建设规模以及生产分工，充分显示了当时这座城市的组织能力和发展水平。⑤

（三）犍陀罗文明

犍陀罗文明位于今巴基斯坦境内的白沙瓦及毗连的阿富汗东部一带。

---

① 马里克.巴基斯坦史［M］.张文涛，译.北京：中国大百科全书出版社，2010：25.
② 林太.印度通史［M］.上海：上海社会科学院出版社，2012：5.
③ 张任重.哈拉帕文明：南亚次大陆古文明之源［J］.大众考古，2019（7）：91.
④ 林太.印度通史［M］.上海：上海社会科学院出版社，2012：7-9.
⑤ 张任重.哈拉帕文明：南亚次大陆古文明之源［J］.大众考古，2019（7）：91.

公元前 6 世纪，伴随佛教在印度次大陆北部的风行，犍陀罗居民信仰佛教，并创造了高水平的佛教文化和艺术。①

犍陀罗文化吸收了希腊、波斯、大夏和印度教传统，给古代巴基斯坦带来了前所未有的融合和包容。白沙瓦地区以及印度河、兴都库什山、喀喇昆仑山地区不仅成了犍陀罗文化的摇篮，也促使生活在这里的人们将自己的文化输出中亚和西亚。②

犍陀罗艺术始于公元 1 世纪初，公元 5 世纪后日渐式微。犍陀罗艺术中最突出的是希腊式的佛陀形象。犍陀罗佛像有坐像和立像两种，佛头后面都有磨光的平面圆形石板作为神光，佛陀的头发为波纹状卷发，佛的面部酷似希腊神像中的阿波罗像，脸型椭圆，眉清目秀，整个面部表情平静安详。犍陀罗艺术中常以佛本生故事和佛传故事为题材雕刻出许多人物浮雕，如现藏英国不列颠博物馆的一块公元 2 世纪的浮雕，表现的是《尸毗王本生》。③犍陀罗艺术影响到印度内地，中亚的塔吉克斯坦、乌兹别克斯坦和土库曼斯坦，以及中国的新疆，尤其是环塔里木盆地的和田、疏勒、库车等地。④

二、语言概况

巴基斯坦的官方语言是乌尔都语和英语。乌尔都语是南亚次大陆的主要语言之一，是巴基斯坦的国语，而英语则被广泛运用于高等教育、科技、商业、司法和外交等领域。巴基斯坦宪法规定：乌尔都语为巴基斯坦的国语和官方语言，各省可以有自己的语言，同国语一起使用和发展。⑤

乌尔都语最早起源于莫卧儿王朝时期的军队，后来逐渐吸收了波斯语、阿拉伯语的发音和词汇，最终形成自己的词汇系统。现在的乌尔都语中约有 40% 的词汇来源于波斯语，20% 来源于阿拉伯语，约 15% 来源于英语。⑥

① 杨翠柏，刘成琼.巴基斯坦［M］.北京：社会科学文献出版社，2005：57-58.

② 马里克.巴基斯坦史［M］.张文涛，译.北京：中国大百科全书出版社，2010：45.

③ 薛克翘.印度古代文化史［M］.北京：中国大百科全书出版社，2016：141-143.

④ 薛克翘.印度古代文化史［M］.北京：中国大百科全书出版社，2016：143.

⑤ 孔亮.巴基斯坦概论［M］.广州：世界图书出版广东有限公司，2016：134-135.

⑥ 贾春燕.巴基斯坦语言生态及语言政策研究［J］.外国语言与文化，2020，4（2）：133-143.

巴基斯坦常使用的语言还有旁遮普语、信德语、普什图语和俾路支语等。其他语言，如希纳语和其他北部地区语言，与印欧语系的达尔德分支和早期德拉维达语系（达罗毗荼语系）有关。布拉灰语则是俾路支省的一个族群使用的语言。[①]印度雅利安方言使用范围横跨印度次大陆的北半部，各村庄之间有着细微的变化，相对偏远地区的居民通常无法相互理解。[②]

三、主要节日

巴基斯坦的节日包括非宗教的全国性重大节日、宗教节日及其他节日。[③]

非宗教的全国性重大节日包括巴基斯坦日、独立日、保卫巴基斯坦日，以及真纳纪念日和伊克巴尔纪念日。巴基斯坦日是公历 3 月 23 日，是为纪念"拉合尔决议"而诞生的。巴基斯坦独立日是公历 8 月 14 日。1947 年 8 月 14 日，巴基斯坦自治领宣告成立。巴基斯坦将 8 月 14 日定为独立日，独立日的庆祝活动规模仅次于巴基斯坦日。保卫巴基斯坦日是公历 9 月 6 日，节日期间会举行各种纪念活动、举办武器装备展览和进行军事技术表演。伊克巴尔纪念日和真纳纪念日分别是在伊克巴尔和真纳的诞辰和忌辰设立的纪念日。

伊斯兰教节日按照伊斯兰教历计算，最大的节日是宰牲节和开斋节。宰牲节于教历 12 月 10 日举行，是为了纪念先知易卜拉欣对真主的忠诚、顺从和牺牲精神，节日活动包括会礼和宰牲献祭。教历 10 月 1 日是开斋节。还有圣纪节、阿舒拉节和圣徒忌辰节。圣纪节在教历 3 月 12 日举行，为了纪念先知穆罕默德，会举行盛大的游行、《古兰经》诵读会、先知事迹讲演会等节日活动。阿舒拉节是在教历 1 月 10 日，为纪念伊玛目侯赛因殉难。圣徒忌辰节是曾为伊斯兰教传播做出贡献的"圣人"的逝世纪念日。

除以上节日，宗教节日还有印度教的黑天生日节、灯节、霍利节，锡克教始祖师尊那纳克的诞辰节，基督教的圣诞节、复活节等。

---

① BLOOD P. Pakistan, a country study ［M］.Whitefish：Kessinger Publishing，LLC，1995：105.
② BLOOD P. Pakistan, a country study ［M］.Whitefish：Kessinger Publishing，LLC，1995：105.
③ 逸民.巴基斯坦节日简介［J］.南亚研究，1985（4）：64-71.

第二章
巴基斯坦教育的历史发展

从有历史记载开始，教师、学校，以及家庭和更广泛的社区就在巴基斯坦儿童的学习和个性发展中发挥着基础性的作用。教育是社会发展的重要推动力量，更是社会发展背景深刻影响下的产物。从巴基斯坦教育自身的发展轨迹和实践内容看，巴基斯坦教育的发展分为古代教育、近代教育和现代教育三个阶段。每个阶段因社会背景、社会主导力量，以及社会和教育需求的差异，呈现各自独特的教育样态和内容。

罗马不是一日建成的，教育的发展亦是如此。巴基斯坦教育的发展是多方面因素综合作用的结果。正如比较教育学家康德尔所认为的，正是历史的因素，使得民族的思维方式和行为方式，即民族精神得以形成，其中包含着民族历史和不断变化的环境所积淀下来的共同特征之内核，因而历史因素是了解教育特点和教育经验的基本点。

第一节　古代教育

古代教育时期，巴基斯坦教育以宗教教育为主要形式，包括印度教教育、佛教教育和传统伊斯兰教育。此时期的教育以学习宗教教义为主，同时也包括世俗教育学科内容，教育面向宗教人士和统治阶层，具有显著的阶级性。

一、印度教和佛教教育

公元 1500 年前，南亚次大陆经历了多个印度教时期和佛教时期。在印度教盛行时，教育鼓励哲学、精神和世俗学习。在佛教盛行时，教育内容包括佛教神学和世俗学科，给所有想要学习的人提供免费学习的机会。

印度教盛行时期的初等教育机构是古儒之家，学生在七八岁时入学，接受古儒的教育。教育教学十分重视宗教教育和学生良好品性的养成，教学方法包括冥想、记忆和口诵。[①] 教师被称为"古儒"（guru），即消除黑暗的上师（"gu"为黑暗，"ru"为消除），负责促进儿童的智力和精神发展。

佛陀时代，呾叉始罗是学术教育的场所和文化商务中心，为了在呾叉始罗的学校或学院求学，摩揭陀帝国的学生远经北印度而来。呾叉始罗学校林立，其管理、维护和主持者皆为优秀教师，学校经费来自本地人的捐助和富家子弟的馈赠。这些学校是进行高深研究的中心，年满 16 岁的学生才可获准入学。其中，有一所专为王子设立的特别学院，其名册上载有 101 个学者。另外，还有一所专为皇室后裔设立的军事学院，有一段时间多达 500 人。来自整个北印度的出身高贵的学生在这里学习各种知识，如箭术、狩猎术、驯象术、政治经济学、法律学、人文学和自然科学。结业以后，

---

①　王长纯 . 比较初等教育［M］. 北京：首都师范大学出版社，2004：295.

学生遍游各地，以获得实际的生活经验，并提高个人的观察能力。伴随着教育的繁荣，咀叉始罗发展成国际都市。①

佛教盛行时期的初等教育是在寺院中进行的，学习者在 8 岁时申请入学，之后要终身留在佛教团体之中。教学内容同样是以宗教教义为主，同时注重学生的道德发展，教学方法上重视辩论、冥想、出游和校会等。②

二、传统伊斯兰教育

公元 8 世纪初，穆罕默德·伊本·卡西姆征服信德地区后，巴基斯坦开始推行伊斯兰教育。伊斯兰教认为，教育是一项普遍权利，是个人履行其社会责任过程的一部分，因此，伊斯兰教支持建立学校及图书馆。

最初的初等教育场所为设在清真寺中的麦克台卜（阿拉伯语意为"书写的场所"），教学方法是讲解和背诵，学生背诵《古兰经》的部分内容，也学习阿拉伯语、阅读、算术和写作等。③13 世纪至 18 世纪，学习中心是与清真寺相邻的小学，儿童在那里背诵《古兰经》并学习伊斯兰教的日常习俗，青少年则学习《古兰经》和圣训的含义、法学意义和神学意义。

伊斯兰教育在德里苏丹国和莫卧儿王朝时期得到显著推进。德里苏丹国要求政府和武装部队提供一定程度的义务教育，宣布波斯语为官方语言，推动了教育的发展，也吸引了来自世界各地的穆斯林学者来到印度。莫卧儿帝国在清真寺外面或附近设立宗教学校，将波斯语规定为中等和高等教育的教学语言。莫卧儿帝国为印度教信徒和穆斯林共同设计的一个教学大纲，使普通印度教信徒开始接受教育并学习梵语，在印度教信徒中普及教育，打破了婆罗门在教育和学习梵语方面的垄断。在皇帝奥朗则布统治时期，教育非常普及，甚至连小城镇和村庄都在培养各个领域的学者和有学识的人。④

---

① 达尼.巴基斯坦简史：第一卷［M］.四川大学外语系翻译组，译，成都：四川人民出版社，1974：148-150.

② 王长纯.比较初等教育［M］.北京：首都师范大学出版社，2004：295.

③ 王长纯.比较初等教育［M］.北京：首都师范大学出版社，2004：295-296.

④ KHALID S M，KHAN M F. Pakistan: the state of education ［J］.The muslim world，2006，96（2）：305-322.

总体上，从穆罕默德·伊本·卡西姆到莫卧儿王朝统治者胡马雍，教育机构在内部事务管理方面拥有充分的自由。教师采用自己认为合适的任何方法和教学大纲自由地教育学生，国家和公众对这些机构都非常信任，常常给予大量土地。学校的教学语言是波斯语和阿拉伯语，教学内容除了宗教基础知识，还包括美术、国防和战术、建筑、书法、雕塑、医学、制药和外科等。[①] 在早期伊斯兰传统教育中，世俗教育和宗教教育被认为同等重要，但教育对象局限于统治阶层、宗教阶层和富人，大部分人没有机会接受教育[②]。

第二节　近代教育

从 17 世纪末东印度公司控制印度，到巴基斯坦独立之前的英国殖民时期，巴基斯坦形成了具有浓厚殖民色彩的近代教育。世俗教育的引入、近代伊斯兰教育的发展，是该时期教育发展的主线。

一、世俗教育

对印度进行殖民统治之后，英国政府通过改革课程、进行教师培训、采用英语为教学语言等措施，致力于引入世俗教育体系。[③] 教育目标主要是培养懂英语、可以担任口译员和胜任文书工作的人。

当时引入世俗教育体系的学校主要有精英学校和公立学校。精英学校由英国人担任教师和校长，招收英国学生和印度精英家庭的孩子，为他们参加英国证书考试和接受英国高等教育做准备。对于公立学校，英国管理

---

① KHALID S M, KHAN M F. Pakistan: the state of education [J].The muslim world, 2006, 96 (2): 305-322.

② CHANG F H.Teacher education policies and programs in Pakistan: the growth of market approaches and their impact on the implementation and the effectiveness of traditional teacher education programs [D].East Lansing: Michigan State University, 2014: 34.

③ KJØRHOLT A-T, PENN H.Early childhood and development work: theories, policies and practices [M].Cham: Palgrave Macmillan, 2019: 135-136.

者为之设计了标准化的课程、教科书和考试，聘用当地教师任教。教师依据标准教学，负责学生的全面教育，为学生成为公共服务机构的文员等做准备。①

英国殖民政府从 19 世纪初开始支持大学的开办。1817 年，印度第一所西式学院——印度教学院在加尔各答成立；1857 年，在孟买、加尔各答和马德拉斯创建大学；1882 年，在拉合尔成立旁遮普大学；1887 年，安拉阿巴德大学成立。这些大学主要是作为考试和授予学位的机构，教学在附属学院进行。1904 年的《印度大学法》授予大学教学权和考试权，一些附属大学逐步建立了教学部门。1947 年印巴分治时，印度拥有 19 所世俗大学，旁遮普大学则是巴基斯坦唯一的世俗大学。②

1935 年的《印度政府法》明确了中央政府和邦政府在教育中的角色：大多数教育活动都由邦政府管辖，中央政府管辖国家图书馆和博物馆、贝拿勒斯印度教大学和阿里格尔穆斯林大学，以及中央行政区的教育。③

巴基斯坦在独立前，初步建立起涵盖初等、中等以及高等教育的教育体系。

二、近代伊斯兰教育

英国的殖民统治和现代教育制度的发展，削弱了伊斯兰教育和乌里玛（宗教学者）的社会地位，以及伊斯兰文化的影响力。

1858 年，穆斯林思想家赛义德·艾哈迈德·汗发起了旨在恢复穆斯林进步精神的社会和宗教改革运动——阿里格尔运动。他主张穆斯林接受现代教育，学习西方文学、科学和技术，以摆脱贫穷落后的局面。1864 年，他在阿里格尔创建科学学会，翻译和介绍西方社会、历史和科学方面的著作；1877 年，在阿里格尔创建伊斯兰盎格鲁—东方学院，培养具有现代科学文

---

① 　KJØRHOLT A-T，PENN H.Early childhood and development work：theories，policies and practices［M］.Cham：Palgrave Macmillan，2019：136.

② 　International Qualification Assessment.International education guide for the assessment of education from the Islamic Republic of Pakistan［M］.Edmonton：International Qualification Assessment，2016：6-7.

③ 　International Qualification Assessment.International education guide for the assessment of education from the Islamic Republic of Pakistan［M］.Edmonton：International Qualification Assessment，2016：6.

化知识的穆斯林精英；1886年，创立伊斯兰教育会议。①伊斯兰教育的现代化得以推动。

阿里格尔运动火热开展的同时，穆罕默德·卡西姆·纳努塔维领导的德欧班德运动兴起。1876年，卡西姆·纳努塔维在德欧班德创建了德欧班德伊斯兰学院，培养宗教学者和领导人。②

伊斯兰学者支持女性教育。1876年，最早倡导女性教育的穆斯林领导人之一提亚布吉在孟买创立安居曼伊斯兰学校，希玛亚特在旁遮普中部率先为男孩和女孩举办学校。大毛拉马姆塔兹·阿里是穆斯林妇女权利的倡导者，他撰写著作《妇女的权利》，发行乌尔都语杂志《妈妈》，投身教育和女性问题。穆斯林改革者沙伊赫·阿卜杜拉同样倡导女性教育，在阿里格尔建立了女子学校。③

19世纪60年代之后的几十年里，伊斯兰大学在拉合尔、阿姆利则和白沙瓦开办，其中，白沙瓦的伊斯兰大学和拉合尔的伊斯兰英国东方大学都是慈善组织为回应年轻穆斯林不断增长的现代教育需求而建立的。④

综上，殖民时期存在两种教育体系，一种是世俗教育体系，具有鲜明的殖民色彩和阶级性；另一种是近代伊斯兰教育，两者均为巴基斯坦现代教育的发展奠定了坚实的基础。

第三节　现代教育

巴基斯坦独立后，在社会重建的同时也开启了教育重建，经过70余年的探索，巴基斯坦教育取得了显著的成绩。

一、教育改革构想

巴基斯坦教育的重建早在20世纪初期即开始启动。在独立之前，真纳曾多次强调教育作为国家社会经济变革工具的重要性。1912年，真纳在帝

---

① 孔亮.巴基斯坦概论［M］.广州：世界图书出版广东有限公司，2016：104.
② 孔亮.巴基斯坦概论［M］.广州：世界图书出版广东有限公司，2016：105.
③ 马里克.巴基斯坦史［M］.张文涛，译.北京：中国大百科全书出版社，2010：122-124.
④ 马里克.巴基斯坦史［M］.张文涛，译.北京：中国大百科全书出版社，2010：123.

国立法委员会关于《初等教育法案》的演说中指出，教育的自主发展非常缓慢，需要通过强制手段实现义务初等教育的普及；大众和非精英主义的初等教育是创建"长期可行的社会基础设施"的基础。[①]

真纳认为，使一个国家配得上拥有领土和管理政府的支柱至少有三个：教育，强大的经济和工业，完备的国防。[②]他把教育放在了第一位。当时的巴基斯坦领导人清楚地认识到巴基斯坦的教育问题，并建议彻底改革当时的教育体系。在重新调整国家在社会基础建设领域的目标时，真纳将教育重点转移到独立、发展性的经济所需要的职业和技术中去。在巴基斯坦独立后的第一个十年中，巴基斯坦的教育改革取得了较大的进展。[③]

二、教育发展进度

1947 年 8 月，巴基斯坦和印度作为英国两个新的独立自治领宣告成立。但巴基斯坦面对的是极为匮乏的教育资源。在 1948—1949 年，巴基斯坦有420 万名儿童达到了初等教育入学年龄，而其中仅有 83 万人注册入学。全国有 9 073 所初等教育学校。[④]1949—1950 年，相关数据显示，巴基斯坦西部小学 1 ～ 5 年级（5 ～ 9 岁年龄组）的入学率为 15.8%（男生为 25.7%，女生为 4.4%）；中学 6 ～ 10 年级（9 ～ 14 岁年龄组）入学率仅为 9.4%（男生为 14.4%，女生为 2.7%）。[⑤]

巴基斯坦教育发展的第一步是在 1947 年召开的全国教育大会上商议教育发展方向。1949 年 3 月，巴基斯坦制宪会议通过了目标决议，宣布伊斯兰意识形态是巴基斯坦宪法的基石。目标之一是通过教育系统塑造一个以价值为基础的社会，保护其伊斯兰遗产，并将道德价值观传递给新一

---

① HOODBHOY P.Education and the state：fifty years of Pakistan ［M］.Karachi：Oxford University Press，1998：33-34.

② HOODBHOY P.Education and the state：fifty years of Pakistan ［M］.Karachi：Oxford University Press，1998：34.

③ HOODBHOY P.Education and the state：fifty years of Pakistan ［M］.Karachi：Oxford University Press，1998：35.

④ 杨翠柏，刘成琼.巴基斯坦［M］.北京：社会科学文献出版社，2005：201.

⑤ HOODBHOY P.Education and the state：fifty years of Pakistan ［M］.Karachi：Oxford University Press，1998：34-35.

代。[①]1951 年，巴基斯坦举行教育发展会议，会议通过了 1951—1957 年六年计划。随后，相继启动第一个五年计划（1955—1960 年）、第二个五年计划（1960—1965 年）、第三个五年计划（1965—1970 年）、社会行动计划（1993—1996 年），颁布《巴基斯坦宪法》（1973 年）、《国家教育政策 1998—2010》、《国家教育政策 2009》和《国家教育政策 2017》，均承诺提高识字率并保障义务教育，着力发展教育并加大教育投入。

巴基斯坦 1979 年出台的《国家教育政策 1979》，试图确立巴基斯坦自身的教育体系，教育体系主要包括初等教育、中等教育、高等教育等。[②]此后，巴基斯坦教育改革持续进行，除学位学院外，各级各类教育在入学人数和教育机构规模方面均有了显著的提高（表 2-1）。

---

① KHALID S M，KHAN M F.Pakistan: the state of education ［J］.The muslim world，2006，96（2）：305-322.

② ASHRAF M. 巴基斯坦的教育体系简况 ［J］.南亚研究季刊，1995（2）：74-76.

表 2-1　巴基斯坦入学人数和教育机构数量统计 [①]

入学人数/教育机构数	年度	学前	小学^	中间学校	初中	高中	学位学院	职业教育机构	大学	合计
入学人数/千人	2012—2013	9 284.3	18 790.4	6 188.0	2 898.1	1 400.0	641.5	302.2	1 594.6	41 099.1
	2013—2014	9 267.7	19 441.1	6 460.8	3 109.0	1 233.7	465.4	308.6	1 594.6	41 880.9
	2014—2015	9 589.2	19 846.8	6 582.2	3 500.7	1 665.5	510.6	319.9	1 299.2	43 314.1
	2015—2016	9 791.7	21 550.6	6 922.3	3 652.5	1 698.0	518.1	315.2	1 355.6	45 804.0
	2016—2017	11 436.6	21 686.5	6 996.0	3 583.1	1 594.9	537.4	344.8	1 463.3	47 642.6
	2017—2018	12 574.3	22 931.3	7 362.1	3 861.3	1 687.8	604.6	433.2	1 575.8	51 030.4
	2018—2019*	12 707.1	23 588.0	7 634.1	3 969.0	1 734.9	604.6	433.2	1 862.8	52 533.7
	2019—2020**	13 487.9	24 591.7	7 931.5	4 213.5	1 804.1	598.8	464.5	1 910.0	55 002.0
教育机构数/千所	2012—2013	—	159.7	42.1	29.9	5.0	1.5	3.3	0.147	241.6
	2013—2014	—	157.9	42.9	30.6	5.2	1.1	3.3	0.161	241.2
	2014—2015	—	165.9	44.8	31.3	5.4	1.4	3.6	0.163	252.6
	2015—2016	—	164.6	45.7	31.7	5.5	1.4	3.7	0.163	252.8
	2016—2017	—	168.9	49.1	31.6	5.1	1.4	3.8	0.185	260.1
	2017—2018	—	172.5	46.7	31.4	5.8	1.7	3.7	0.186	262.0
	2018—2019*	—	182.7	47.3	31.7	5.9	1.7	3.9	0.211	273.4
	2019—2020**	—	187.1	48.3	32.0	6.1	1.7	4.0	0.224	279.4

注：*表示暂时；**表示估计；^表示包括学前教育机构、宗教学校、基础教育社区学校和人力发展委员会。

[①]　Economic Adviser's Wing，Finance Division.Pakistan economic survey 2020-21［R］.Islamabad：Economic Adviser's Wing，Finance Division，2021：202.

第三章
巴基斯坦教育
制度与政策

经过 70 余年的发展，巴基斯坦教育已经形成了较为完备的制度、结构、管理体制。

巴基斯坦正规教育分为初等教育、中等教育和高等教育三个阶段。实行由联邦和地方政府共同管理的教育体制，其中，初等教育包括学前教育、小学教育和中间学校，中等教育包括初中和高中，高等教育包括本科、硕士和博士三个阶段。巴基斯坦教育存在公立教育、私立教育和伊斯兰宗教教育三个独立的教育系统。学校主要使用英语和乌尔都语开展教学。

当前教育政策以宪法第 18 修正案、《国家教育政策 2017》和《国家教育政策框架 2018》为基准。宪法第 18 修正案为联邦政府和省级政府之间的教育权力和职责分配提供了法律依据。《国家教育政策 2017》的目标包括品格培养，满足知识、技能和价值观的学习需求，促进巴基斯坦民族融合，增加教育机会，提高教育质量，加强制度建设，增加教育预算，提升科学和技术水平，协调课程与标准。《国家教育政策框架 2018》指出发展教育的紧迫性，要求联邦政府和省级政府共同努力，协作抓实四个战略重点领域，即减少失学儿童并提高学业完成率，统一教育标准，提高教育质量，增加技能培训的机会。

基于较为完备的教育管理制度和政策，当前巴基斯坦教育的总体培养目标为：培养寻求真理和知识、运用真理和知识为社会进步服务的人；具有创造性、建设性、沟通性和反思性的个体；自律、有成效、温和和开明的公民；能够有效参与激烈竞争的全球知识经济和信息时代的人；致力于建立尊重不同观点、信念和信仰的公民；所处世界的共情和耐心的参与者；为建设和谐和包容的社会做出贡献的人。[1]

---

[1]　National Curriculum Council. Early childhood care and education grade pre I 2020[Z]. Islamabad：Ministry of Federal Education and Professional Training，2020：14.

第一节　学校教育制度

巴基斯坦学校教育分为初等教育、中等教育和高等教育三个阶段，归属于公立教育、私立教育和伊斯兰宗教教育三大教育系统。

一、教育结构

巴基斯坦已经形成了相对完备的教育结构，如表 3-1 所示。

表 3-1　巴基斯坦教育结构 [①]

年龄	教育水平	年级	教育阶段
—	博士	—	高等教育
—	硕士	—	
17 ～ 20	本科	13 ～ 16	
15 ～ 16	高中	11 ～ 12	中等教育
13 ～ 14	初中	9 ～ 10	
10 ～ 12	中间学校	6 ～ 8	初等教育
5 ～ 9	小学	1 ～ 5	
3 ～ 4	学前	学前班	

巴基斯坦学校教育制度的具体内容包括 [②]：

---

① Higher Education Commission. National qualification framework of Pakistan 2015 ［Z］. Islamabad：Higher Education Commission，2015：6-7.

② Asian Development Bank.School education in Pakistan：a sector assessment ［M］.Mandaluyong City：Asian Development Bank，2019：5.

初等教育共 9 年，包括学前教育（1 年）、小学（5 年）和中间学校（3年）3 个阶段。巴基斯坦学校教育制度的具体情况包括[①]：学前教育为期 1 年，在卡奇班（即学前班）中进行，入学年龄为 3 ～ 4 岁，配备一名专门的老师和一个单独的教室。由于资源不足，很多公立学校没有专门的学前老师，也没有开设正规的卡奇班，一些公立学校以复式班的形式将学前儿童安排在 1 年级教室里。小学教育包括 1 ～ 5 年级的 5 年教育，年龄段是 5 ～ 9 岁。中间学校时间跨度为 3 年，包括 6 ～ 8 年级，面向 10 ～ 12 岁的学生。

中等教育共 4 年，包括初中（2 年）和高中（2 年）两个阶段。初中包括 9 年级和 10 年级，面向 13 ～ 14 岁的学生，学生完成学业后参加中学毕业证书（Secondary Schools Certificate，SSC）考试。高中包括 11 年级和12 年级，面向 15 ～ 16 岁的学生，完成学业后参加高中毕业证书（Higher Secondary Schools Certificate，HSSC）考试。高中毕业证书分为理科和文科证书。学习理科项目的学生通过考试后获得理科毕业证书，而其他学生则获得文科毕业证书。

高等教育包括本科、硕士和博士三个阶段。大学提供 4 年制学士学位，完成本科学业之后，学生可以继续攻读两年制的硕士学位。取得两年制的硕士学位后，学生还可攻读哲学硕士学位和哲学博士学位。

二、三大教育系统

巴基斯坦学校教育包含公立教育、私立教育和伊斯兰宗教教育三大系统。

（一）公立教育系统

公立教育系统分为联邦和省级学校系统，并根据性别，分为男校、女校和男女混合学校。联邦政府提供教育政策指导方针，向各省提供教育补助金，并提供课程指导方针，省级政府制定并实施政策，直接管理所辖学校，

---

① Asian Development Bank.School education in Pakistan：a sector assessment［M］.Mandaluyong City：Asian Development Bank，2019：5.

推进项目或改革，并监督考试。[①]

公立教育系统在提供学校教育，特别是小学后阶段教育时，应明确考虑到性别问题，为女孩提供有女教师的学校，为男孩提供有男教师的学校。[②] 因为提供的男生学校比女生学校多，尽管在入学机会方面取得了重大进展，但中小学教育和青年扫盲方面的性别平等仍有待实现。[③]

（二）私立教育系统

私立教育系统包含三种类型的学校，即精英学校、以英语为媒介的中产阶级学校，以及私人或非政府组织开办的学校，三类学校大部分为男女同校。

精英学校位于城市，服务于工商业人士、政治家、公共和私营部门的高级官员等精英阶层子女，多数隶属于剑桥大学、牛津大学等校的国际考试委员会。学校费用高昂，基础设施包括操场、室内游戏中心、游泳池和剧院等。教师毕业于国外院校或精英高等教育机构，学校有持续的教师专业发展机制。学校的教学语言是英语，教学大纲由剑桥大学、牛津大学、蒙台梭利学校等相关机构制定。学生可以参加联邦考试委员会、国际考试委员会或私立考试委员会（如阿迦汗教育委员会）的考试。毕业生大多出国攻读大学，或进入精英大学。[④]

以英语为媒介的中产阶级学校位于城市地区或农村城镇，面向白领、工人群体、小地主或自有土地农民的子女。学校费用较为适中，基础设施包括科学实验室、计算机实验室、图书馆和操场等。学校课程材料主要由当地私立出版机构或国外出版机构，如英国剑桥大学或牛津大学提供的材

---

① CHANG F H.Teacher education policies and programs in Pakistan：the growth of market approaches and their impact on the implementation and the effectiveness of traditional teacher education programs［D］. East Lansing：Michigan State University，2014.

② SARANGAPANI P M，PAPPU R，et al.Handbook of education systems in South Asia ［M］. Singapore：Springer Nature Singapore Pte Ltd.，2021.

③ SARANGAPANI P M，PAPPU R，et al.Handbook of education systems in South Asia ［M］. Singapore：Springer Nature Singapore Pte Ltd.，2021.

④ CHANG F H.Teacher education policies and programs in Pakistan：the growth of market approaches and their impact on the implementation and the effectiveness of traditional teacher education programs［D］. East Lansing：Michigan State University，2014.

料组成，教学质量较高，多数隶属于私立考试委员会，如阿迦汗教育委员会，或隶属于联邦考试委员会。[①] 有些学校强调纪律，严格依据教学大纲开展教学或者为学生考试做准备。学校会安排各种课程让学生参与创造性活动，如戏剧、歌唱、舞蹈和演讲，但许多学校并不提供定期的音乐或创意艺术课程。[②]

私人或非政府组织开办的学校招收低收入工人、农民和日薪劳动者的子女，多数是男女同校，少数是男女分校。这些学校或者使用政府出版的教科书，或者混合使用私人出版的教科书和政府出版的教科书。大多数学校用乌尔都语或地区语言授课，一些学校尝试用英语和乌尔都语进行混合教学。这些学校的基础设施只能满足基本的教学要求，如提供教室、饮用水和电力。许多学校没有图书馆、实验室、操场或学习资源中心。[③]

（三）伊斯兰宗教教育系统

伊斯兰宗教教育的目的包括三个方面，即培养有知识、受过专门培训的神职人员，为穆斯林的生活方式提供指导；保护学习伊斯兰知识的主要资料和文本，保护和促进伊斯兰传统教育；为伊斯兰课程储备师资，使伊斯兰教育研究传统得以延续。[④]

一开始，伊斯兰学校各自独立开办，后来为确定课程、进行考试、颁发证书，以及发布宗教法令，四大教派（德欧班德派、巴列维派、阿勒圣

---

① CHANG F H.Teacher education policies and programs in Pakistan：the growth of market approaches and their impact on the implementation and the effectiveness of traditional teacher education programs［D］. East Lansing：Michigan State University，2014.

② CHANG F H.Teacher education policies and programs in Pakistan：the growth of market approaches and their impact on the implementation and the effectiveness of traditional teacher education programs［D］. East Lansing：Michigan State University，2014.

③ CHANG F H.Teacher education policies and programs in pakistan：the growth of market approaches and their impact on the implementation and the effectiveness of traditional teacher education programs［D］. East Lansing：Michigan State University，2014

④ 拉赫曼，布克哈瑞.巴基斯坦：宗教教育及其机构［J］.刘径华，译.南亚研究季刊，2007（1）：82-89.

训派和什叶派）各自组建宗教学校教育委员会。① 伊斯兰学校招生以竞争性的考试和面试为主要方式，学生每季度、每半年和每年都要参加一次考试，通过考试才能升入下一个年级。② 伊斯兰学校讲授伊斯兰知识，包括《古兰经》、圣训学、教法学、神学等。③ 此外，课程还包括代数、几何、逻辑、社会科学等学科。学生学习分为六个阶段：阅读《古兰经》、背诵《古兰经》、正确发音和唱诵《古兰经》、中等教育、学士学位，以及硕士学位。④

　　伊斯兰学校多数是全日制，向学生提供免费食宿、书籍和所有基本必需品。学校条件不等，有些学校提供体育和保健设施；有些学校在课程中引入现代学科；有些学校有获得哲学硕士、哲学博士学位的高素质教师；有些学校有完备的计算机实验室、图书馆，帮助宗教学者进行研究。

　　多数伊斯兰学校从特定组织及捐助者、发达国家的组织及人员那里获得办学经费。因为学校为学生提供住宿设施、服装和补贴，所以许多负担不起私立学校或公立学校费用的低收入家庭将子女送到伊斯兰学校学习。⑤

　　如表 3-2 所示，从性别维度看，巴基斯坦公立学校中，男校多于女校。私立男女混合学校均比私立男校和女校多。总体上，公立学校多于私立学校和伊斯兰宗教学校。

---

① 　HOODBHOY P.Education and the state：fifty years of Pakistan ［M］.Karachi：Oxford University Press，1998：227.

② 　HOODBHOY P.Education and the state：fifty years of Pakistan ［M］.Karachi：Oxford University Press，1998：229.

③ 　拉赫曼，布克哈瑞.巴基斯坦：宗教教育及其机构［J］.刘径华，译.南亚研究季刊，2007（1）：82-89.

④ 　HOODBHOY P.Education and the state：fifty years of Pakistan ［M］.Karachi：Oxford University Press，1998：228.

⑤ 　CHANG F H.Teacher education policies and programs in Pakistan：the growth of market approaches and their impact on the implementation and the effectiveness of traditional teacher education programs［D］. East Lansing：Michigan State University，2014.

表 3-2　巴基斯坦 2017—2018 年学校数量 [①]

单位：所

学校		省／特区				
		旁遮普省	信德省	开伯尔－普什图赫瓦省	俾路支省	伊斯兰堡首都特区
公立学校	男校	26 517	33 164	16 915	10 174	213
	女校	27 769	9 958	10 999	4 284	241
	合校	28 495	10 862	3 978	1 857	383
	小计	82 781	53 984	31 892	16 315	837
私立学校	男校	2 498	440	766	157	77
	女校	3 361	494	339	63	47
	合校	40 866	10 904	5 124	890	1 444
	小计	46 725	11 838	6 229	1 110	1 568
伊斯兰宗教学校	男校	0	0	0	0	0
	女校	0	0	0	0	0
	合校	15 407	5 397	6 828	1 882	340
	小计	15 407	5 397	6 828	1 882	340
总计		144 913	71 219	44 949	19 307	2 745

三、学校常规制度

巴基斯坦中小学校在 2 ～ 6 月和 9 月到第 2 年 1 月开展教学。高等教育机构通常遵循学期制，每学期 16 到 18 周，大致从 1 月至 5 月，然后从 8 月至 12 月开展教学。

在巴基斯坦高等教育机构中，英语是主要教学语言。在基础教育机构中，乌尔都语是公立学校和小部分私立学校的教学语言，英语是大部分私立学校、武装部队管理的学校和宗教学校的教学语言。在信德省，学校也可以选择信德语作为教学语言。不同教学语言的政策和实践促成了两种教育语

---

① Academy of Educational Planning and managemant.Public financing in education sector 2018-19 ［M］.Islamabad：Academy of Educational Planning and Management，2019：3.

言系统，即乌尔都语和英语教育语言系统的形成。[①]

第二节　教育行政管理制度

巴基斯坦教育行政由联邦教育管理机构和省级教育管理机构分工协调管理，各司其职，形成了较为完备的教育行政管理制度。

一、教育管理部门

巴基斯坦国家层面的教育主管部门是联邦教育与专业培训部（Ministry of Federal Education and Professional Training），其成立于 2011 年。联邦教育与专业培训部的宗旨是创设良好的教学环境，发展普通群众能支付得起的优质教育，确保所有学科全面发展，以及巴基斯坦社会经济的可持续发展。联邦教育与专业培训部的愿景是，通过向所有公民提供公平和平等的机会，使其获得优质教育和技能，从而挖掘其最佳潜力，使巴基斯坦发展成为一个进步和繁荣的国家。为此，联邦教育与专业培训部的主要职能包括：在教育政策和改革方面形成凝聚力；主导教育标准的制定；确保国家重大项目的公平；引领教育的国际合作与交流；普及扫盲教育；整合宗教教育机构；收集、分析和传播关键教育指标的相关信息；管理、监督和实施正规教育；推行私立教育法规；促进青年教育。

联邦教育与专业培训部下设 22 个部门[②]：高等教育委员会、联邦教育局、联邦中间与中等教育委员会、临时主席董事会、私立教育机构管理局、联邦教育学院、巴基斯坦人力局、教育规划与管理学会、国家教育评价系统、巴基斯坦联合国教科文组织国家委员会、国家图书基金会、国家职业技术培训委员会、国家培训局、联邦女子理工学院、国家人力发展委员会、基础教育社区学校、国家教育基金会、国家人才库、国立艺术学院、巴基

①　SARANGAPANI P M，PAPPU R，et al.Handbook of education systems in South Asia ［M］. Singapore：Springer Nature Singapore Pte Ltd.，2021：683.

②　ORGANIZATIONS/DEPTS ［EB/OL］.［2020-01-23］.http://mofept.gov.pk/Detail/NWNmYmVj MmQtODM1Yy00Y2RjLWE1YjEtYjYwZjVkODBlYWU4.

斯坦时装设计学院、巴基斯坦童子军协会、巴基斯坦女童子军协会。

联邦中间与中等教育委员会是负责巴基斯坦中间学校和中等教育，以及海外巴基斯坦国际学校考试的委员会。该委员会被授予财政和行政权力，负责组织、管理、规范、发展和调控中等教育，并负责所属机构的考试。

巴基斯坦的学生评价由国家教育评价系统（National Education Assessment System，NEAS）进行，其在各省设立分支机构——省级教育评价系统。国家教育评价系统定期对全国公共教育系统中 4 年级和 8 年级的科目（如科学、数学和语言）进行诊断性评价。各省也建立各自的评价体系。例如，旁遮普省建立了旁遮普省考试委员会，负责在全省范围内对 5 年级和 8 年级学生进行所有科目的考试。信德省的学生评价则由第三方私营机构执行。各省和地区还通过各自的中间与中等教育委员会进行全省范围的 9 年级和 10 年级学生的初中考试，以及 11 年级和 12 年级学生的高中考试。

国家课程委员会（National Curriculum Council，NCC）的职责是协调各省和地区的课程和标准开发。省级教育部长临时会议负责协调省级教育机构，定期举行会议，讨论共同关心的问题。

高等教育委员会在巴基斯坦各地的大学之间发挥协调、标准制定和质量保障的作用。

二、教育管理结构

巴基斯坦教育管理总体上分为国家和省级两个层面，具体结构如图 3-1 所示。①

---

① Asian Development Bank.School education in Pakistan：a sector assessment［M］.Mandaluyong City：Asian Development Bank，2019：7.

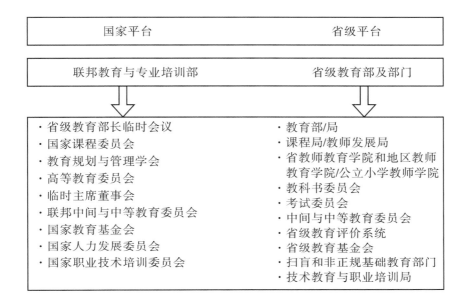

图 3-1　巴基斯坦教育管理结构

第三节　教育宏观政策

当前，巴基斯坦对教育发挥全局性、指导性的政策性文件有三个，即宪法第 18 修正案、《国家教育政策 2017》、《国家教育政策框架 2018》。

一、宪法第 18 修正案

2010 年，巴基斯坦通过宪法第 18 修正案。宪法第 18 修正案对巴基斯坦教育有两个关键影响：第一，添加第 25-A 条，规定国家有义务向 5 至 16 岁的所有人提供免费义务教育；第二，制定政策、规划、课程和标准下放为省级政府的责任。在所有政策文件以及 1956 年、1962 年和 1973 年的宪法中，均包含了一些认可受教育权的条款，但不具有可操作性，第 25-A 条的引入使教育权成为一项可由法院审理的权利；宪法第 18 修正案将教育政策、课程、规划和标准等关键问题下放给各省，使联邦和联邦各部门的角色和责任发生了重大转变。[①]

表 3-3 为宪法第 18 修正案颁布前后教育管理状态的对比。

表 3-3　宪法第 18 修正案颁布前后教育管理状态对比[②]

教育管理内容	旧状态	新状态
课程、大纲	联邦和省共管	转移到各省管理
规划、政策	联邦和省共管	转移到各省管理
教育标准	联邦和省共管	转移到各省管理
伊斯兰教育	联邦和省共管	转移到各省管理

权力下放后，联邦教育与专业培训部主要在课程开发、认证和研发方面保留了有限的权力。教育规划与管理学会（Academy of Educational Planning and Management，AEPAM）受联邦教育与专业培训部管理，履行整理各省和地区教育管理信息系统所收集的教育数据的职能，并与各省、地区的组织和教育机构保持联系。

二、《国家教育政策 2017》

宪法第 18 修正案通过后，《国家教育政策 2009》的实施基本上停止，但没有一个省或联邦单位能够制订自己的全面政策计划，教育政策缺位。2015 年，省级教育部长会议召开，会议一致同意修订《国家教育政策 2009》，并委托联邦教育与专业培训部负责协调和推进。2017 年，巴基斯坦发布《国家教育政策 2017》。

（一）目的和目标

政策的目的包括[③]：品格培养；满足知识、技能和价值观的学习需求；促进巴基斯坦民族融合；增加教育机会；提高教育质量，加强教育制度建

① Institute of Social and Policy Sciences.Federal and provincial roles and responsibilities in education ［EB/OL］.［2020-10-10］.http://i-saps.org/upload/report_publications/docs/1401027511.pdf.

② Institute of Social and Policy Sciences.Federal and provincial roles and responsibilities in education ［EB/OL］.［2020-10-10］.http://i-saps.org/upload/report_publications/docs/1401027511.pdf.

③ Ministry of Federal Education and Professional Training.National education policy 2017［Z］. Islamabad：Ministry of Federal Education and Professional Training，2017：10-11.

设；增加教育预算；促进科学和技术发展；协调课程与标准。

政策的具体目标包括^①：促进学前教育发展；普及初等教育；提供免费初等和中等教育；加强非正规教育、在线和远程教育；提升巴基斯坦公民文化水平；通过高等教育发展知识经济；发展科学、技术和职业教育；提升教育系统的质量和成效；促进私立教育发展；促进信息技术的使用；实现教育中的性别平等；实施提高教育质量的改革；提升教师的选拔、聘用标准和能力建设；制定和实施课程框架和国家标准；加强图书馆建设与教学技术应用；解决语言与教学用语问题；加强群众动员和社区参与；提供体育、运动和游戏设施；加强公私合作；改革评价和考试制度；增加特殊和全纳教育的机会；增加教育预算；开展研究和建立数据库；建立教育政策的执行和监测机制等。

（二）政策内容

新政策聚焦以下几点^②：

1. 各级教育的重点。推动 3～5 岁儿童全面的早期教育与发展，重点发展 4～5 岁年龄段儿童教育；普及小学教育（1～5 年级）；通过正规和非正规教育模式扩大中间学校（6～8 年级）教育规模；通过有效的短期非正规教育项目，将学生纳入正规教育系统；通过正规和远程学习项目扩大中等教育规模；在非正规中间学校引入职业教育；在选定的高中和中间学校重新引入技术教育和科学与人文教育分流制，以储备具有职业和技术能力的人力资源；在每个乡为男女学员设立中等职业学校。

2. 教师的能力建设。择优录用专业合格、称职、投入、敬业、思想健康的符合国家教师专业标准的教师；协调和平衡优质教师的供求关系；扩大和加强非正规教育中的教师培训项目。

3. 课程改革和标准制定。修订课程和教师培训系统；制定、批准和实施国家课程框架；为每个学科制定最低国家标准；制定符合国家课程框架和国家标准的课程；制定面向所有教育系统的统一课程；自然 / 物理科目

---

① Ministry of Federal Education and Professional Training.National education policy 2017［Z］. Islamabad：Ministry of Federal Education and Professional Training，2017：11-15.

② Ministry of Federal Education and Professional Training.National education policy 2017［Z］. Islamabad：Ministry of Federal Education and Professional Training，2017：16-19.

课程和其他科目课程分别每 5 年和每 10 年修订一次；低年级课程的学习重点主要是基础能力，高年级课程的学习重点是知识、理解、分析、综合和应用能力；向全国每所学校提供标准化设施和服务，不分性别、地区、等级或信仰等；修订学习计划，使之更全面和满足需要；消除性别不平等，消除地域不平衡；尊重意见分歧，促进宗教间和谐；营造大学中的研究与创新文化；在地方、国家和全球推广教育及培训方面的成功案例和良好实践经验。

4. 扫盲和终身学习。倡导持续的终身学习；开展全民扫盲运动；采用综合扫盲方法，即基础扫盲、功能性扫盲和创收技能扫盲；建立国家和省级教师培训机构，加强扫盲人员的能力建设；增加在线和远程学习项目和服务。

5. 教育经费。根据学校和入学人数编制预算；教育预算不能有任何削减、更改和转让；对教育培训部门进行财政改革，确保教育培训预算的按时发放和最佳使用；有效使用分配的资金；从 2018 年起将 GDP 的 4% 用于教育和培训；为教育质量提升项目和计划分配至少 25% 的省级教育预算；调整私立教育机构的收费结构。

6. 教育治理和社区参与。建立、拓展和加强家长、教师与学校、社区的关系；调动发展国家教育的强烈政治意愿和决心；对于教育发展，给予政治自由、完全共识、合作和支持；强化基于标准的职前和在职教师培训制度。

7. 质量计划。在所有公立大学设立质量保障中心；逐步取消所有大学的一年制和两年制学士学位，代之以符合国家资格框架的四年制学位；在各级教育引入新的国家资格框架，确保取得学习成果。

8. 高等教育。持续修订和更新高等教育课程；在所有大学建立、扩大和加强研究中心，培育与国家经济发展相关的创新性应用研究；开发低成本的研究生本土学习项目配套式课程；制订教师休假交流计划，开展教学和合作研究。

9. 高校研发。增加与国内快速发展的产业开展合作研究项目的数量；加强大学企业孵化中心建设；注重自然资源的科学研究和商业开发方面的应用研究；建立新的科技大学和科技园区；增加研究补助金的发放次数和数额，解决能源、气候变化、日益严重的粮食安全和淡水资源问题；与大学、企业、产业和国际合作伙伴合作，建立更多的研究和技术园区；通过各种计划、项目和活动调动资源和产生额外收入；转向知识经济，确保国民经济全面起飞；加强产学关系；促进高等教育的公平和增加接受高等教育的机会；在各级教育中使用现代信息技术；在未来 10 年内，使高等教育的入学率从 8% 提高到 15%；启动持续专业发展项目，注重学院和大学教师的教学方法和技能培训；引入四年制学士学位方案；由大学制定附属学院标准和规范；成立认证委员会；在联邦和省级建立卓越研究理事会；加强高校图书馆和实验室建设；为从学前教育到高等教育的各级教育建立研究协作网络；为所有学校提供供水和卫生设施。

《国家教育政策 2017》的内容体现了巴基斯坦政府实施全面系统教育改革的愿望和对教育的愿景，该政策为当代巴基斯坦教育发展提供了蓝图和行动指南。

三、《国家教育政策框架 2018》

2018 年，巴基斯坦出台《国家教育政策框架 2018》。框架指出，教育是国家社会和经济发展的重要助推器，可以释放巴基斯坦 2 亿人力资源的活力。因此，巴基斯坦有责任培养年轻人的知识能力、创造力、批判性思维和领导能力，使之能够为自己和国家做出正确的选择，并承担起全球公民的责任。[①]

《国家教育政策框架 2018》认为，巴基斯坦教育面临四大挑战，分别是失学儿童问题，统一教育系统问题，教育质量问题，技能培训和高等教育问题。[②] 其中失学儿童问题是巴基斯坦面临的最突出的教育挑战。第二个挑战是如何统一教育系统。巴基斯坦教育系统由公立学校、私立学校和伊斯兰宗教学校三个学校系统构成，而且根据课程设计、教材质量、考试系统和教学语言，可进一步分为不同类型，因而教育标准和质量差异巨大。

---

① Ministry of Federal Education and Professional Training.National education policy framework 2018 ［Z］. Islamabad：Ministry of Federal Education and Professional Training，2018：2.

② Ministry of Federal Education and Professional Training.National education policy framework 2018 ［Z］. Islamabad：Ministry of Federal Education and Professional Training，2018：3-4.

第三个挑战是如何保障教学质量。截至 2018 年，巴基斯坦 10 岁及以上人口中有 40% 的人不能阅读和书写，需要从学校基础设施、课程、课本、评价、教育预算的财政效率等多方面入手解决，而最重要的是解决全国教师的质量问题。第四个挑战是高等教育和技能培训无法满足市场和岗位对技能的需求。

《国家教育政策框架 2018》指出，要让巴基斯坦走上实现高标准教育的道路，需要一个有强烈政治意愿支持的宏伟计划，也需要特别关注弱势地区、少数民族、女童和残疾儿童，以缩小不同群体之间的成绩差距。全国的教育提升依赖以下几点[1]：增强民族凝聚力，国家和省级政府在教育统一性和质量等关键方面密切协调与合作；利用有效、及时和可靠的信息进行决策和过程修正；改善教育系统的治理和财政效率，创新性地使用信息通信技术并取得最大成效；积极开展宣传活动，促进教育公平和提升教育质量，保持执行教育政策的强烈政治意愿。基于上述内容，《国家教育政策框架 2018》提议巴基斯坦教育需要完成以下四项重点战略任务：减少失学儿童并提高学业完成率；统一教育标准；提高教育质量；增加技能培训的机会和提升其与市场的相关性。[2]

---

[1] Ministry of Federal Education and Professional Training.National education policy framework 2018［Z］. Islamabad：Ministry of Federal Education and Professional Training，2018：6-7.

[2] Ministry of Federal Education and Professional Training.National education policy framework 2018［Z］. Islamabad：Ministry of Federal Education and Professional Training，2018：7.

第四章 巴基斯坦学前教育

在 20 世纪 70 年代之前，巴基斯坦的学前教育一直以非正式形式存在，直到 1990 年《世界全民教育宣言》和 2000 年《达喀尔行动框架》发布之后，巴基斯坦的教育政策才开始强调学前教育。《国家教育政策 1998—2010》要求在公立学校重新引入卡奇班作为正式教育阶段，将小学教育延长到六年制。《国家全民教育行动计划 2001—2015》确定了实施幼儿教育的关键问题，包括对学前教育的好处缺乏认识；学前教育缺乏明确的政策；财政拨款不足；各政府部门之间缺乏协调，公共管理人员、私立学校和非政府组织等各种服务提供者之间的关系网较差；省级和地区社区缺乏规划、实施和监控学前教育项目的能力。《国家全民教育行动计划 2001—2015》明确了在全国范围内提供学前教育的宏伟计划，但由于缺乏财政支持，计划没有完全实施。2002 年，巴基斯坦联邦教育与专业培训部制定了国家学前教育课程，2007 年对该课程进行了修订。《国家教育政策 2009》再次强调幼儿教育，主张在幼儿教育方面至少有三项改进：更广泛的参与、更好的质量和更好的治理。

2010 年，巴基斯坦联邦教育与专业培训部和联合国儿童基金会及联合国教科文组织合作，制定了详细的早期学习发展标准，以衡量儿童在七个关键发展领域的进步。

在当前使用的《国家教育政策 2017》中，学前教育得到了高度重视和充分阐述。21 世纪，国际社会的援助和巴基斯坦本国的教育探索，将会促进巴基斯坦儿童的学习和成长。

第一节　培养目标与实施机构

巴基斯坦学前教育是指针对 3～4 岁儿童的教育，为儿童进入小学做准备。学前教育主要的实施机构包括公立小学、城市私立小学、非政府组织等。

一、培养目标

巴基斯坦学前教育的目标是，确保在一个对儿童友好和包容的环境中为儿童的成长和发展创造最佳条件，使他们能够在安全、有指导和健康的环境中体验选择和行动自由，成长为能够通过游戏、发现、实验和协作进行学习的人。[①]

学前教育遵循如下原则[②]：儿童的全面发展很重要——社会、情感、身体、认知和道德发展相互关联；学习是整体性的，对于幼儿来说，学习不分主题；内在动机很重要，因为它会推动主动学习；儿童的尊严、自主和自律意识至关重要；在早期，儿童通过主动学习（使用五种感官）效果最佳；儿童能做什么，而不是不能做什么，是儿童教育的出发点；在有利的条件下，所有儿童都具有强大的潜力（多元智能）；与儿童有关的成人和儿童至关重要；儿童的教育被视为儿童与环境之间的互动；教师理解全纳教育的重要性，并在课堂中实践。

---

① National Curriculum Council.Early childhood care and education grade pre I 2020［Z］.Islamabad：Ministry of Federal Education and Professional Training，2020：foreword.

② National Curriculum Council.Early childhood care and education grade pre I 2020［Z］.Islamabad：Ministry of Federal Education and Professional Training，2020：14.

二、实施机构

巴基斯坦学前教育由各省相关行政部门管理，由公立小学、城市私立小学和非政府组织实施，农村私立小学中不设立学前教育项目。

（一）行政部门

巴基斯坦学前教育受联邦教育与专业培训部宏观指导，由各省教育部门管理。如图4-1所示。

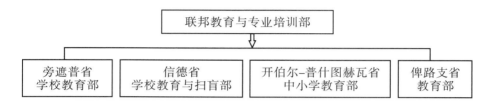

图4-1 巴基斯坦学前教育管理部门结构图

（二）教育机构

巴基斯坦学前教育主要由公立小学、城市私立小学和非政府组织实施。

1. 公立小学

在公立学校中普遍设立卡奇（Katchi）班。Katchi的意思是"尚未成熟"或"没有入学"。卡奇班学制1年，招收3～4岁儿童，以地区语言或乌尔都语为教学语言，包括英语字母和数字的教学。正规的卡奇班中，配备有一名单独的教师和一间单独的教室，有适当的教学和学习资料。但由于资源不足，一些公立学校没有单独的学前教育教师，甚至没有适当的教学和学习资料，无法开设正规的卡奇班，因此，选择以复式班的形式让适龄儿童与1年级和2年级学生在同一个教室里进行学前教育。[①]

2. 城市私立小学

私立小学是巴基斯坦提供学前教育的最大机构。农村私立小学没有设置学前教育。多数非精英私立学校配备了较好的设备和资源，使用较新的课程教科书，满足儿童的学前教育需求。精英私立学校如拉合尔美国学校、

---

① SARFRAZ M.Evaluation of teaching practices of teachers at early childhood level in public schools of Pakistan［D］.Lahore：University of Education，2015.

拉合尔文法学校、艾奇逊学院等，都为儿童提供有组织的学前教育。这些学校遵循剑桥教育体系，提供世界一流的学前教育设施和学习资源。

3. 非政府组织

巴基斯坦有国内外的非政府组织，如阿迦汗基金会、拯救儿童基金会、POWER 99 基金会等，都开展学前教育。拯救儿童基金会在开伯尔－普什图赫瓦省开展学前教育，其总体目标是通过增加学习和发展的机会，改善教育成果，增加儿童在公立学校的入学机会。POWER 99 基金会首创互动式广播教学项目，旨在提高教育的质量、公平性和包容性，最终目标是提高学习成绩。

统计数据显示，2015—2016 年学前教育总入学人数为 979 万，毛入学率为 74%。私立教育机构小学人数 421 万，占 48.17%，公立教育机构占51.83%。有 448 个机构专门提供学前教育，共有 2 785 名教师；2018—2019年学龄前儿童入学率比 2017—2018 年增长了 1.1%[①]。

第二节　课程和教学

为提高学前教育质量，巴基斯坦于 2020 年颁布最新学前教育课程大纲，大纲对学前教育课程和教学做了详细的规定。

一、课程目标

巴基斯坦学前教育的国家课程目标包括[②]：促进儿童的全面发展，包括身体、社会、情感、认知和道德发展；提供有关伊斯兰教和伊斯兰社会的知识，促进对其的理解；培养对所有其他宗教信仰和习俗的理解和尊重；培养批判性思维技能；培养对多样性的宽容和尊重；培养儿童的身份认同意识和作为巴基斯坦人的自豪感；培养儿童的社区、国家和世界公民意识；

---

① Economic Adviser's Wing，Finance division.Pakistan economic survey 2020-21［R］.Islamabad：Economic Adviser's Wing，Finance Division，2021：200-202.

② National Curriculum Council.Early childhood care and education grade pre I 2020［Z］.Islamabad：Ministry of Federal Education and Professional Training，2020：14-15.

培养独立、自立和积极的自我形象意识；培养儿童终身学习的技能；提供主动学习的机会；为自主游戏和决策提供机会；培养价值观、道德、伦理和公民意识；培养儿童的审美意识；培养内在动机；培养团队合作和分享的态度。

二、课程内容

巴基斯坦学前教育课程建立在学前教育课程框架基础上，各所学校也依据校情发展自己的特色。

（一）关键学习领域

学前教育课程分为以下 7 个关键学习领域 [①]：

（1）个人的社会与情感发展。侧重于引导儿童学习如何工作、游戏、与他人合作以及在家庭以外的群体中发挥作用，涵盖个人、社会、道德和精神发展，以及在包括父母在内的社区成人认同的前提下建立个人价值观等重要方面。

（2）语言与读写。涵盖语言发展的重要方面，并为读写提供基础。开始时，所有发展领域中使用的语言可以是母语，以当地文化为基础，随后可以逐步发展英语能力。应帮助儿童逐步掌握乌尔都语，并在适当情况下发展语言技能。侧重儿童谈话和倾听能力的发展，以及阅读和写作能力的发展。

（3）基本数学概念。涵盖数学理解的重要方面，并为发展计算能力提供基础，注重通过实践活动取得成绩和理解数学语言。

（4）我们周围的世界。侧重促进儿童对环境、他人以及自然和人类世界特征的认识和理解，为历史、地理、科学和技术学习奠定基础。

（5）身体发展。侧重培养儿童的个人发展、身体控制、灵活性、空间意识以及室内外环境中的动作技能，使儿童能具有平衡和协调能力，学习和练习运动技能。

（6）健康、卫生与安全。侧重发展儿童对个人护理、环境安全和个人

---

① National Curriculum Council.Early childhood care and education grade pre I 2020 ［Z］.Islamabad：Ministry of Federal Education and Professional Training，2020：18-19.

安全的理解，包括建立对健康的生活方式的积极态度。

（7）创造艺术。侧重发展儿童的想象力，培养其以创造性方式进行交流和表达想法、感受的能力，其中包括鼓励儿童通过各种媒介表达创新思想。

（二）能力指标

每个学习领域的目标能力具体如表 4-1 所示。

表 4-1　关键学习领域及对应的能力 [1]

关键学习领域	能力
个人的社会与情感发展	（1）了解自己的喜好、优势，学习自我梳理情绪，提升决策和解决问题的能力。进一步提升自我认同意识，将自己视为有能力的学习者。 （2）愿意与同伴、教师、家庭成员和邻居分享与合作，无论对方与自己具有何种性别、能力、文化、语言和种族差异。 （3）了解和欣赏国家的遗产和文化，接受、尊重和欣赏文化和语言多样性。 （4）了解自己的宗教价值观，欣赏、尊重和接受他人的宗教价值观。 （5）在课堂、学校、家庭和邻里中表现出对自己和他人的责任感。 （6）使用常见的礼貌用语，如"你好""请""谢谢""对不起""打扰了"等。 （7）培养和发展公民意识。 （8）发展并表现伦理和道德价值观，如诚实、内在责任、社会正义、同理心、同情和尊重。
语言与读写	（1）出于多种目的在各种背景下，以各种方式使用语言，自信地与他人互动。 （2）描述物品、事件和自己一天的计划。 （3）感受听故事和歌谣的快乐，并学会编写自己的故事和歌谣。 （4）感受阅读适合其年龄的书的快乐，并爱惜书本。 （5）了解书籍内容的组织框架。 （6）在简单的课文中识别字母和熟悉的单词。 （7）用图片、符号和熟悉的字母和单词来传达意思，认识到不同的符号、字母和单词所表现的不同写作目的。

---

[1]　National Curriculum Council.Early childhood care and education grade pre I 2020［Z］.Islamabad：Ministry of Federal Education and Professional Training，2020：56-57.

续表

关键学习领域	能力
基本数学概念	（1）通过展示对物体不同属性，如颜色、大小、重量和纹理的理解，以及根据一两个属性对物体进行匹配、排序和分类，儿童学习发展基本的逻辑能力、批判能力、创造能力和解决问题的能力。 （2）对数量的基本理解，学会数到 50 及 0 ～ 9 之间简单的数字运算。 （3）识别基本的几何形状和物体之间的位置关系。 （4）了解测量的基本知识。
我们周围的世界	（1）了解家庭的重要性，并谈论自己家庭的历史。 （2）了解周围的人和地方。 （3）认识生物和非生物之间的差异。 （4）识别环境中的动植物，探索其基本特征和动物栖息地。 （5）观察天气、了解季节的成因及其对人的意义。 （6）形成一种爱护环境和保护自然资源的态度。 （7）认识地球的自然资源和物理特征。 （8）探索和使用简单的技术。
身体发展	（1）发展平衡感、灵活性和协调性。 （2）提高手眼协调能力和有效使用工具及材料的能力。 （3）发展感官运动技能。
健康、卫生与安全	（1）了解健康、安全、卫生行为的重要性。 （2）了解人身安全相关知识。
创造艺术	（1）通过绘画和色彩来表达自己。 （2）使用各种低成本和废弃材料来制作自己选择的手工作品。 （3）使用各种材料，尝试以模型／雕塑的形式表现自己的观察和想象。 （4）学习拼贴和印刷的技能，并以各种方式使用这些技能来创作自己的艺术作品，发展精细运动技能。 （5）观察、实践和探索各种手工技能，包括折叠、切割、粘贴、撕扯纸张，以制作物品和图案。 （6）倾听、识别和欣赏各种声音模式、节奏和韵律。 （7）越来越自信地通过参与各种戏剧活动来展现自己。

三、教学实施

基于关键学习领域和能力指标，学前教育的教学实施包括创建学习角和落实教学常规，前者可以激发儿童的兴趣和好奇心，体验教师介绍的概念和技能，后者是常规教学。

（一）创建学习角

学习角允许儿童独立、分小组或与老师一对一行动，按照自己的速度进步。鼓励孩子独立工作、进行决策和解决问题，培养好奇心和创造力。学习角模拟现实生活，是儿童理想的学习场所，有助于培养儿童的以下能力[①]：主动行动以及对行动目标和实施途径进行选择与决定；完成自选任务并反思计划；质疑、实验、探索并理解他们周围的世界；与其他儿童一起工作、分享和合作，发展社交技能；独立工作，掌握不同的技能；遵守课堂纪律；在各种自然情境中进行推理和表达，树立自信心。

学习角需要彼此分开，并留出各自放置材料、书籍和玩具的空间，可以设置三类或更多的学习角[②]：（1）语言角。配备与增加词汇量和学习阅读技能相关的材料。（2）图书馆角。放置适合儿童阅读的彩色书籍，以促进阅读习惯的养成，并学习如何爱护书籍。（3）艺术角。提供创造性表达的机会。（4）数学角。提供适当的材料，包括通过直接实验帮助孩子掌握尺寸、形状、宽度、分类和数字等基本数学概念的用具。（5）科学角。为儿童提供观察和实验的机会。（6）家庭角。提供各种厨房用具、衣服、小家具和洋娃娃，可以将情境从厨房转换成商店、办公室或医生诊所之类的场景。

（二）落实常规教学

落实常规教学，可以带给儿童确定性和安全感，也可以使教学活动更加集中、有组织和有条理。巴基斯坦国家课程委员会建议的学前教育教学常规如表 4-2 所示。

[①]　National Curriculum Council.Early childhood care and education grade pre I 2020［Ｚ］.Islamabad：Ministry of Federal Education and Professional Training，2020：60-61.

[②]　National Curriculum Council.Early childhood care and education grade pre I 2020［Ｚ］.Islamabad：Ministry of Federal Education and Professional Training，2020：61.

表 4-2　巴基斯坦学前教育教学常规 [①]

序号	活动	建议时长 / 分钟
（1）	国歌	15
（2）	问候圈	15
（3）	小组工作	40
（4）	户外活动	30
（5）	吃点心	30
（6）	计划—工作—整理—总结	90（计划时间 15 分钟，工作时间 45 分钟，整理时间 10 分钟，总结时间 20 分钟）
（7）	讲故事和唱歌谣	20

教学常规中，具体的活动分别是 [②]：（1）国歌。儿童一起祈祷并唱国歌。（2）问候圈。儿童相互问候，教师发起有关天气、日期等的讨论，也可借此灌输道德价值观，或通过征求建议等来发展解决问题的能力。（3）小组工作。教师与儿童讨论不同关键学习领域的概念，然后组成小组，让儿童做活动。（4）户外活动。教师组织进行体育锻炼，儿童在教师的监督下玩秋千、滑梯、旋转木马和类似跷跷板的游戏，并讨论安全规则，如排队和轮流活动等。（5）吃点心。儿童在教师的指导下一起吃点心，可以谈论食物的种类、健康的饮食规律，学会倒水而不泼溅，且在用餐完毕后自行清理干净。（6）计划—工作—整理—总结。计划时间，包括儿童计划自己在哪些学习角活动，以及在那里完成什么；工作时间，儿童在学习角执行自己的计划，遵守规则并经常和教师讨论规则；整理时间，当教师发出清理指示时，儿童整理材料并归还到指定地方；总结时间，儿童谈论自己的学习角活动情况，以及自己是否完成了当天的计划。（7）讲故事和唱歌谣。讲故事和唱歌，或吟诵诗歌，并伴随动作表演。

---

① National Curriculum Council.Early childhood care and education grade pre I 2020［Z］.Islamabad：Ministry of Federal Education and Professional Training，2020：62.

② National Curriculum Council.Early childhood care and education grade pre I 2020［Z］.Islamabad：Ministry of Federal Education and Professional Training，2020：62-63.

第三节　保障体系

巴基斯坦学前教育的保障体系由承诺与政策规划、教育经费投入、非政府组织支持、师资队伍建设、监管与重点建设五个方面构成。

一、承诺与政策规划

巴基斯坦通过国际公约和国内法律，作出对学前教育的国内外承诺[①]：签署《儿童权利公约》，公约的若干条款涉及儿童发展，包括儿童的教育和健康；签署由联合国于 2015 年 9 月通过的 17 项可持续发展目标，其中目标 4.2 侧重于学前教育，"到 2030 年，确保所有女孩和男孩都能获得高质量的幼儿发展、保育和学前教育，从而为接受小学教育做好准备"；2012 年《免费义务教育权利法案》、2013 年《信德省儿童免费义务教育权利法案》、2014 年《旁遮普省免费义务教育法》，均规定政府有义务确保为 3 岁及以上儿童提供免费学前教育。

各省教育政策文本中均包含对学前教育的规划。开伯尔 – 普什图赫瓦省规定：全面禁止对儿童体罚；向学前儿童提供免费课本、阅读材料和故事书；提倡家长参与，鼓励其送儿童上学；鼓励国际援助机构和非政府组织为所有公立和私立小学开办学前班提供设施。旁遮普省的学前教育改革措施包括：向学前儿童提供免费学习材料，包括故事书；鼓励家长参与，鼓励家长送孩子上学；鼓励国际援助机构和非政府组织为所有公立和私立小学开办学前班提供设施；在小学引进正规学前教育并使之制度化；在小学增建教室；为小学聘用保育人员，帮助教师照顾儿童；为教师举办教师培训班等。信德省除了制定《国家爱幼学校标准》，致力于公立学校学前教育正规化，还制定了其他政策，包括：分阶段建立学前教育资源中心，改造卡奇班，审核和修订学前教育课程，并确保提供教学材料；支持学习者从家庭到学校，以及从学前教育到小学一年级的过渡。俾路支省制定了学前教育政策框架和学前教育法案，并在现有公立学校建造学前教育教室，增

---

① Ministry of Federal Education and Professional Training.National education policy 2017 ［Z］. Islamabad：Ministry of Federal Education and Professional Training，2017：28-29.

加学前教育教师。

　　学前教育是各省教育部门计划中的一个关键领域。信德省是巴基斯坦第一个制定全面的学前教育政策的省份，该政策的重点是建立发展性的学前教育，为小学学习做准备，提高儿童的学习成绩。信德省政府还制定了学前教育课程，并启动了人事改革，为学前教育部门分派了一名干部。俾路支省于2015年制定了学前教育政策框架，以应对学前教育面临的挑战。[①]2017年，旁遮普省政府制定了第一个学前教育政策，随后制订了相关规定和计划，致力于改善和普及学前教育，以及将学前教育引入省级研究计划。[②]

二、教育经费投入

　　学前教育的经费主要来自各省财政预算和社会捐赠。

　　各省制定各自学前教育的经费预算政策。以旁遮普省为例[③]，学前教育经费预算分为发展性预算、非发展性预算和非薪资预算，均由学校教育部支付。发展性预算指所有与基础设施需求有关的支出，包括新教室的建设和学前教育教室的设立；非发展性预算用于学前教育教师的薪酬；非薪资预算用于支付保育人员的工资，以及学前教育教室的维修和维护。此外，旁遮普省政府还利用捐助机构和合作伙伴的专用资金开展学前教育工作。

　　巴基斯坦学前教育经费的另一个重要来源是社会捐赠，基金会包括开放社会基金会、阿迦汗基金会等。开放社会基金会认为，所有儿童都应该得到他们所需要的发展支持，以及尽可能充分的教育机会。基金会与巴基斯坦联邦教育与专业培训部密切合作，在创建学前教育国家示范中心方面发挥了主导作用，同时也为学前教育提供资助，2020年基金会为巴基斯坦

---

① Annual status of education report：ASER-PAKISTAN 2019 ［R］.Lahore：ASER Pakistan Secretariat，2020：23.

② Annual status of education report：ASER-PAKISTAN 2019 ［R］.Lahore：ASER Pakistan Secretariat，2020：23.

③ Government of the Punjab.Punjab early childhood education policy 2017 ［Z］.Lahore：Government of the Punjab，2017：25-26.

学前教育提供资助的预算达 130 万美元。①

三、非政府组织支持

巴基斯坦学前教育得到国内外非政府组织，包括巴基斯坦幼儿联盟、联合国儿童基金会、联合国教科文组织等的支持。

巴基斯坦幼儿联盟成立于 2018 年，其通过研究和学习、经验分享、政策宣传、建立网络、提高认识和专业发展，推动全面性和包容性的幼儿发展方法和实践。联盟的主要活动包括：和联邦教育与专业培训部等单位合作，举办全国学前教育会议；在各省举办系列咨询或宣传会议；编制全国幼儿发展利益相关者目录；参与教育政策制定，根据课程指南审核学前教育课程和资料开发。

联合国儿童基金会支持省教育部门加强学前教育。2015 年，联合国儿童基金会与旁遮普省学校教育部合作，在旁遮普省的六个地区引入学前教育项目。联合国儿童基金会及其合作伙伴对校长、学前教育教师、保育员和学校管理委员会成员进行了培训，以促进其通过游戏来帮助幼儿学习和掌握新概念。联合国儿童基金会提供了多方面的技术支持，如教室装饰和学前教育学习工具包，以及用于游戏和探索学习的专门用品。②同年，学前教育班在拉合尔等地的部分公立学校开设。学前教育最先是在选定的、至少有 3 间教室和 2 名教师的小学引入。根据新政策，每所小学至少有 4 名教师，其中 1 名接受过学前教育培训。在旁遮普省，近 1.2 万所学校开设了学前教育班，使大约 10 万名学前儿童受益。学前教育教室提供了有趣、丰富的环境，以及许多学习材料和玩具，这是多数经济状况不佳的家长在家里不能为孩子提供的。③

---

① The open society foundations in Pakistan ［EB/OL］. ［2021-04-06］.https://www.opensocietyfoundations.org/newsroom/open-society-foundations-pakistan.

② IUALIK A S.Early childhood education promotes tolerance and harmony ［EB/OL］. ［2019-02-25］. https：//www.unicef.org/pakistan/stories/early-childhood-education-promotes-tolerance-and-harmony.

③ IUALIK A S.Early childhood education promotes tolerance and harmony ［EB/OL］. ［2019-02-25］. https：//www.unicef.org/pakistan/stories/early-childhood-education-promotes-tolerance-and-harmony.

四、师资队伍建设

巴基斯坦学前教育师资培养得到国内外组织的支持。国内有阿迦汗大学教育发展研究所、蒙台梭利培训学院、阿拉玛·伊克巴尔开放大学、巴基斯坦教师资源中心、巴基斯坦蒙台梭利协会等。

阿迦汗大学教育发展研究所提供幼儿教育与发展证书项目，以促进教师对该学科的理解，使之成为课堂上更有效的实践者。

蒙台梭利培训学院成立于2014年，其目标是通过宣传、培训教师和学校领导，让巴基斯坦各地蒙台梭利组织、学校和培训机构参与进来，促进巴基斯坦蒙台梭利教育体系的发展。[①]蒙台梭利培训学院的学前教育项目包括蒙台梭利教师培训、学校管理培训和学前教育培训三种类型。（1）蒙台梭利教师培训项目。提供蒙台梭利文凭（为期12个月的学习）和蒙台梭利证书课程（为期6个月的学习），培训注重蒙台梭利设施的实际应用，也强调其他蒙台梭利的技能，如歌谣、拼读、讲故事等，帮助教师更加自信和充分地使用蒙台梭利教材授课，具体模块包括：实际生活练习、语言发展、感官、数学和文化。[②]（2）学校管理培训项目。该项目提供学校管理证书（为期6个月的学习）和学校管理文凭（为期12个月的学习）课程，旨在培养学员在课堂上有效参与的能力，使学员从被动的学习者变成主动的学习者，为个人从初级教师到高级管理岗位做好准备，模块包括：主动学习方法、如何成为一名成功的校长、质量保证、课程开发、课程计划、布鲁姆分类学、评价和评估、学术手册、课外活动、领导与管理、课堂管理、创业、如何开展有效的专业教师会议和毕业设计。[③]（3）学前教育培训项目。该项目为期6个月，涉及儿童从出生到8岁的教育，详细呈现教师在课堂中会面临的实际问题，教授学员从幼儿到低年级的教学技巧，具体模块包括：拼读和混合、阅读技能、写作技能、故事时间、描述词、元音教学法、介词、

---

① About us［EB/OL］.［2020-07-13］.https://gmcipakistan.org/about-us/.

② Montessori course［EB/OL］.［2020-07-13］.https://gmcipakistan.org/online-montessori-courses-in-pakistan/.

③ School management［EB/OL］.［2020-07-13］.https://gmcipakistan.org/school-management-courses-in-lahore/.

小故事、同韵词、计数 0 ～ 100、倒数、形状和颜色等。[①]

　　阿拉玛·伊克巴尔开放大学是远程教育和在线教育模式的引领者，学前教育教师培训是其项目之一，学前教育研究生证书项目侧重于对教师进行教学技能、儿童健康和营养需求方面的培训，开展学前教育项目、开发学前教育培训课程和为学前教育教师提供学习资料。

　　巴基斯坦教师资源中心成立于 1986 年，是一个非营利的非政府组织。教师资源中心幼儿教育研究所是为满足公立和私立学校对幼儿教育专业教师的需要而设立的，致力于使幼儿教育教师具备必要的知识、技能和态度。研究所有 2 个教师专业发展项目[②]：（1）幼儿教育证书项目。它是一项早期教育（2 ～ 8 岁）项目，项目为期 1 年，为教师提供丰富的学术体验。（2）幼儿教育证书项目（乌尔都语）。该项目是对幼儿教育证书项目的微调，面向以英语为媒介的学校的乌尔都语教师，为之提供有关儿童发展、观察、评估，以及学习环境等的学习机会，从而为公共和私营部门培养一支更坚实的幼儿教育核心队伍。幼儿教育证书项目课程的理念是，儿童通过主动学习，即通过对人、物、事件和思想的直接亲身体验学得更好。课程特别强调确保幼儿的实践与巴基斯坦普通学校的环境相关，观察和实践体验是课程的有机组成部分。实习教育给学员提供将理论付诸实践的机会，师范生要完成 280 个小时的实习工作，在职教师则继续履行其常规教学义务即可。

　　巴基斯坦蒙台梭利协会提供"国际蒙台梭利 3 ～ 6 岁助理课程 / 定向课程"。该课程旨在帮助学员对 3 ～ 6 岁儿童进行综合认识，并产生对该年龄段儿童相关的蒙台梭利理论的清楚认知。该课程适合想要更好地理解蒙台梭利儿童发展方法的成年人，包括父母、祖父母和监护人，教师、师范生和学校管理者。课程内容包括讲座、阅读、讨论和实践活动，共 60 个小时。还包括另外 9 个小时的观摩时间，学生必须在课程中提交一份观摩

---

① 　Early childhood education［EB/OL］.［2020-07-13］.https://gmcipakistan.org/early-childhood-education/.

② 　The TRC-Institute of ECE［EB/OL］.［2021-04-07］.https://trconline.org/the-trc-institute-of-ece/.

报告、3篇小论文和手工制作的材料。[①]

五、监管与重点建设

巴基斯坦省一级政府部门通过加强监测机制和规划关键优先项目来推进学前教育质量提升。如旁遮普省通过派驻地区一级负责学校集群的助理教育干事进一步加强监测机制。助理教育干事每月向各自的地区教育官员报告学前教育教室情况，并向校长提供建议。[②]

此外，省级政府还规划了与学前教育相关的关键优先项目，包括改善基础设施、开展入学运动、降低入学开销等，在低入学率地区扩大学前教育规模，并与私营部门合作等。旁遮普省和信德省也越来越认识到，学校委员会或理事会可以在监督本地的学前教育服务提供和将失学儿童带进教室等方面发挥有效作用。[③]

① AMI Montessori 3-6 Assistants Course/Orientation Course［EB/OL］.［2021-05-25］.http://www. pakistanmontessoriassociation.org/ami-montessori-3-6-assistants-course-orientation-course/.

② Annual status of education report：ASER-PAKISTAN 2019［R］.Lahore：ASER Pakistan Secretariat，2020：24.

③ Annual status of education report：ASER-PAKISTAN 2019［R］.Lahore：ASER Pakistan Secretariat，2020：24.

第五章
巴基斯坦
基础教育

根据巴基斯坦宪法，国家应向所有 5 岁至 16 岁的未成年人提供免费义务教育。巴基斯坦的基础教育分为初等教育和中等教育。基础教育总体受联邦教育与专业培训部监管协调，由各省教育主管部门直接负责，由正规教育机构、非正规教育机构和教育基金会三种教育机构来落实。

　　巴基斯坦当前正在进行基础教育课程改革——单一国家课程改革，改革通过建立全国统一的课程、教学语言和评价体系，使所有儿童都有公平、平等接受优质教育的机会。教育经费投入、教育质量标准、国家课程框架、教师专业标准和师资队伍建设等为巴基斯坦基础教育顺利开展提供保障。

　　总体上，巴基斯坦基础教育在制度建设、课程设置和保障体系方面均得到一定的发展，未来还需要解决历史和传统因素导致的教育不平等等问题。

第一节　培养目标与实施机构

巴基斯坦的基础教育包括学前教育、小学、中间学校、初中和高中教育，学制分别为 1 年、5 年、3 年、2 年和 2 年，共 13 年（表 5-1）。

表 5-1　巴基斯坦基础教育结构

教育阶段		年级	年龄
初等教育	学前	学前班	3～4 岁
	小学	1～5	5～9 岁
	中间学校	6～8	10～12 岁
中等教育	初中	9～10	13～14 岁
	高中	11～12	15～16 岁

一、培养目标

初等教育包括学前教育、小学教育和中间学校教育。初等教育阶段，学校主要目的是培养学生的读、写、算能力。小学的重点是读、写、算和宗教（4 Rs）教育，培养社会化能力、价值观和对传统的认同。中间学校的重点是加强 4 Rs、社区、家庭、环境、数学、语言（第一语言和第二语言）、科学、营养和健康教育。[①]

中等教育包括初中和高中两个阶段，旨在培养学生成为负责任的公民，使之在职场做出有成效的贡献，并进一步攻读他们感兴趣的高等教育专业，具体包括：创造一种有利于学生的社会能力、情感和智力发展的学校环境，使之成为随时准备为社会做贡献的负责任的公民；培养学术基础良好、技

---

① KHIZAR A.Compatibility of national education policy as well as national standards for teachers with professionalism in teacher education［D］.Sargodha：University of Sargodha，2018.

能熟练、心理上包容、道德上有韧性的学生，为自主就业或继续在不同领域接受高等教育做准备；将学生培养为均衡发展的人，使学生认识到自己作为国家公民的责任，以及要对国际社会做出建设性贡献的义务；通过提供足够数量的学校，全球兼容的课程、教学材料，合格的教师，以及旨在衡量高阶学习的评估系统，确保所有儿童获得中等教育的机会。①

二、实施机构

巴基斯坦基础教育受联邦政府监管协调，由省级教育主管部门直接负责，由正规教育机构、非正规教育机构和教育基金会三类机构落实。

（一）行政部门

巴基斯坦基础教育在联邦政府指导和协调下，由各省教育部门直接管理，各省教育部门的名称均不同，旁遮普省、信德省、开伯尔－普什图赫瓦省和俾路支省的教育主管部门名称分别是学校教育部、学校教育与扫盲部、中小学教育部、教育部。

依据宪法第18修正案，巴基斯坦将教育权完全下放到各省，各省有各自的课程和标准，相互之间缺乏统一和协调。为此，巴基斯坦各省和地区最终达成一致，成立国家性协调机构——国家课程委员会，该委员会隶属于联邦教育与专业培训部，作为联邦政府、各省和地区进行课程评估和开发的国家性平台。国家课程委员会中，每个省或地区有三个成员，代表各自的教育部门、课程局和教材委员会，确保国家课程委员会与联邦各省和地区紧密合作和协商。国家课程委员会的主要职能包括：制定所有年级（学前教育到12年级）所有学科的最低国家标准；开发国家课程框架；从事课程、教师培训和评价研究；建立国内外相关机构的联系和网络；协作制定或修订统一的课程最低质量标准。各省教科书委员会负责根据国家课程开发教科书。

联邦政府设有中间与中等教育委员会，负责全国基础教育的考试工作。各省也已建立或正在建立自己的评价制度。例如，在旁遮普省，设立了旁

① Ministry of Federal Education and Professional Training.National Education Policy 2017［Z］. Islamabad：Ministry of Federal Education and Professional Training，2017：57.

遮普考试委员会，在省内对所有 5 年级和 8 年级科目进行考试。在信德省，由第三方私营机构进行评价。各省和地方还通过各自的中间与中等教育委员会，在全省范围内举办 9 年级和 10 年级的初中考试，以及 11 年级和 12 年级的高中考试。

尽管联邦教育与专业培训部制定了国家课程，但所有四个省份在编写教科书（12 年级之前）、制定考试政策、确定教师聘用政策和建立持续专业发展框架方面都享有相当大的自主权。

（二）教育机构

巴基斯坦基础教育面向全国 5 ~ 16 岁人群，主要由正规教育机构、非正规教育机构和教育基金会三类机构来实施。

1. 学校——正规教育机构

正规的学校教育系统有公立学校、私立学校和伊斯兰宗教学校三种类型。[①]

公立学校是学校教育的主要机构，大多数采用乌尔都语作为教学语言，英语只是一门课程。分为男校和女校两种。

私立教育在巴基斯坦中小学教育中占有重要地位，有助于弥补公立教育资金不足的缺陷。私立教育包括独立的私立学校、特许学校、公私合作下由政府补贴资助的学校、慈善家开办的免费学校以及非营利教育信托基金会和非政府组织开办的学校。[②] 从学前教育到高中教育，巴基斯坦的私立教育机构占全国教育机构数量的 31%，入学率为 35%，城市地区私立学校入学率高达 60% 左右。[③]

伊斯兰宗教学校旨在培养伊斯兰学者和领袖，教学生如何正确地阅读、记忆和背诵《古兰经》。学校颁发不同级别的证书，这些证书也得到政府的认可。伊斯兰宗教学校除了常规的宗教教学，还将英语、乌尔都语、数

---

① SHAH D, KHAN M I, YASEEN M, et al.Pakistan education statistics 2017-18［M］.Islamabad：National Education Management Information System，2020：9.

② SARANGAPANI P M, PAPPU R, et al.Handbook of education systems in South Asia［M］. Singapore：Springer Nature Singapore Pte Ltd.，2021：686.

③ Asian Development Bank.School education in Pakistan：a sector assessment［M］.Mandaluyong City：Asian Development Bank，2019：8.

学和科学等现代学科纳入课程体系。①2017—2018 年，全国共有 31 115 所伊斯兰宗教学校，总入学人数为 409.9 万，其中男生为 236.2 万（58%），女生为 173.7 万（42%）；有近 18 万名教师，其中男教师有 140 950 名（79%），女教师有 38 453 名（21%）。②

表 5-2 为 2009—2019 年巴基斯坦正规教育机构的数量。

表 5-2　巴基斯坦正规教育机构的数量（2009—2019 年）③

单位：所

年度	小学		中间学校		中学	
	合计	女校	合计	女校	合计	女校
2009—2010	157 466	60 572	41 340	19 547	25 548	10 854
2010—2011	155 495	58 228	41 591	20 427	25 966	9 837
2011—2012	154 650	57 042	41 945	21 017	29 426	11 892
2012—2013	159 680	60 060	42 147	21 418	30 702	12 607
2013—2014	157 936	60 313	42 920	21 057	31 437	12 902
2014—2015	165 914	66 013	44 818	22 395	32 113	13 391
2015—2016	164 630	65 314	45 680	26 998	32 589	15 950
2016—2017	168 864	59 071	49 090	27 919	32 456	14 980
2017—2018	172 519	73 466	46 665	23 461	32 246	14 583
2018—2019	181 855	67 477	47 665	26 945	32 725	14 735

注：小学包含学前教育和宗教学校数据，中学包含高中和中等职业院校数据。

2. 部门和组织——非正规教育机构

非正规教育机构包括多个部门或组织，如基础教育社区学校、国家人力发展委员会、旁遮普扫盲和非正规基础教育部、信德省教育与扫盲部、

① SHAH D，KHAN M I，YASEEN M，et al.Pakistan education statistics 2017-18 ［M］.Islamabad：National Education Management Information System，2020：22.

② SHAH D，KHAN M I，YASEEN M，et al.Pakistan education statistics 2017-18 ［M］.Islamabad：National Education Management Information System，2020：22.

③ Pakistan Bureau of Statistics.Pakistan statistical yearbook 2019 ［Z］.Islamabad：Government of Pakistan，2021：127.

信德省教育基金会，以及非政府组织。①

　　非正规教育是灵活、快速的同等教育，以替代教育模式为一些特殊群体提供二次教育机会。这种模式被称为加速教育项目或者加速学习项目，主要面向失学儿童群体，特别是错过小学或在小学期间辍学的儿童群体。具体做法是，由一名教师在一间由社区提供的教室里，对无法获得正规教育的人，特别是难民、无家可归者和学习有轻微或中度困难的人进行教学。教师的专业素质较低，但通过在职持续专业发展计划，他们的能力得到了一定提升。②

　　3. 教育基金会

　　巴基斯坦有 5 个教育基金会，包括国家教育基金会、旁遮普省教育基金会、信德省教育基金会、开伯尔 – 普什图赫瓦省初等与中等教育基金会、俾路支省教育基金会。如表 5-3 所示，截至 2018 年底，以上教育基金会共管理 12 516 所学校，其中 60% 以上的学校在旁遮普省，在信德省和开伯尔 – 普什图赫瓦省各有超过 16% 的学校，俾路支省教育基金会管理其中 5% 的学校，只面向女童。2017—2018 年，共有 336.7 万人入学，比前一年度增长约 22%；生师比例为 29：1，其中国家教育基金会为 26：1，旁遮普省教育基金会为 28：1，信德省教育基金会为 34：1，开伯尔 – 普什图赫瓦省初等与中等教育基金会为 43：1，俾路支省教育基金会为 14：1。③

---

①　SHAH D，KHAN M I，YASEEN M et al.Pakistan education statistics 2017-18 ［M］.Islamabad：National Education Management Information System，2020：19.

②　SHAH D，KHAN M I，YASEEN M et al.Pakistan education statistics 2017-18 ［M］.Islamabad：National Education Management Information System，2020：19.

③　SHAH D，KHAN M I，YASEEN M，et al.Pakistan education statistics 2017-18 ［M］.Islamabad：National Education Management Information System，2020：20.

表 5-3　巴基斯坦 2017—2018 年教育基金会管理学校数量、
入学人数和教师数量 [①]

教育基金会	学校 / 所	入学人数 / 人			教师 / 人
		男生	女生	合计	
国家教育基金会	57	3 101	2 483	5 584	214
旁遮普省教育基金会	7 590	1 507 096	1 244 884	2 751 980	98 976
信德省教育基金会	2 023	282 358	194 854	477 212	14 231
开伯尔－普什图赫瓦省初等与中等教育基金会	2 213	41 161	80 223	121 384	2 798
俾路支省教育基金会	633	—	10 820	10 820	796
合计	12 516	1 833 716	1 533 264	3 366 980	117 015

第二节　课程设置

巴基斯坦当前正在进行基础教育课程改革——单一国家课程（Single National Curriculum，SNC）改革。改革的设计目标是建立一个有统一课程、教学语言和评价系统的全民教育体系，使所有儿童都有公平、平等接受优质教育的机会。当前已经完成小学和中间学校的课程和教科书的开发，开始在全国实施，中学阶段课程的开发还在进行中。

一、小学课程

根据最新的单一国家课程草案，巴基斯坦小学开设宗教教育、英语、通识课（1～3 年级）、普通科学（4～5 年级）、数学、社会研究（4～5 年级）等课程，具体目标如下 [②]。

---

① SHAH D，KHAN M I，YASEEN M，et al.Pakistan education statistics 2017-18 ［M］.Islamabad：National Education Management Information System，2020：50.

② National Curriculum Council.Religious education grade I－V 2020 ［Z］.Islamabad：Ministry of Federal Education and Professional Training，2020.

宗教教育面向全体学生，旨在使学生理解宗教教义及其对社会生活的影响和价值，了解各自的宗教信仰，熟悉自己信仰宗教的基本原则、教义、实践和典范，形成在世俗社会中发挥重要和积极作用的品格，掌握教义、社会技能、礼仪和习俗，通过实践促成与其他信徒间的和谐、宽容和接纳，成为负责任的社会成员；通过接受宗教教育提升对国家的热爱。

英语课程包括英语语音、语法、词汇、语篇、语言功能和技能，旨在使学生具备在地方和全球层面的社会及学术环境中进行有效沟通所需的技能。

通识课主要目标是培养学生学会进行批判性思考，能够理解和评估信息，增进知识、技能的学习，培养正确的价值观、积极的态度、健康的习惯及公民意识，做出明智的决定。

普通科学课程的目标包括：培养学生对科学技术的好奇心；使学生能够利用科学技术获取新知识，解决遇到的各种问题的机会，提升自己和他人的生活质量；为学生批判性地解决与科学技术有关的社会、经济、环境问题做准备；使具有不同能力和兴趣的学生掌握与科学、技术和环境相关的各种职业知识。

数学课程的目标包括：培养学生日常可使用的数学能力；加强基础数学能力，为掌握高等数学奠定基础；符合逻辑地分析各种情境的能力；对数学学习的认同和兴趣；对概念的理解；数学推理、处理信息、联系现实生活情境做出判断的能力。

社会研究的目标包括使学生充分理解和领会人类的多样性；发展参与民主社会所需的能力；了解人类社会与环境之间的关系，充分认识人类对地球的影响；了解公民的权利与责任，以及政府的民主制度；了解经济体系的运作方式、巴基斯坦经济体系在全球经济中的地位，以及平衡不同经济利益时的考量；了解创业及其相关活动等。

二、中间学校课程

根据最新的单一国家课程草案，巴基斯坦中间学校的课程包括数学、普通科学、计算机教育、英语、地理和历史等，各门课程对应具体的目标①。

数学课程包括四个内容板块，即数字和运算、代数、测量和几何、数据处理，旨在促进逻辑思维和批判性思维发展，帮助学生在现实生活中做出判断，促进学生对概念的学习和理解。

普通科学课程的教学目标是培养和提升学生的科学素养和批判性思维，使学生在越来越受科学技术影响的世界中发挥作用。

计算机教育旨在培养负责任、善于反思、善于创新、敬业、独立的终身学习者，提高学生的数字技术素养。

英语课程的教学目标是促进所有人的机会平等，帮助学生了解所生活的世界，建立个人、群体和社区之间的相互依存关系，加深对经济和环境问题的认识，为提升语言能力和就业能力奠定基础。

地理课程的教学目标包括：理解基础的地理概念；发展进行有效探究和沟通，并将地理的基本概念应用到各种学习任务中所需的能力；将地理课中获得的知识与课外的世界联系并加以应用。

历史课程的教学目标包括：认识和理解世界各地古代文明的演变过程，认识世界发展过程尤其是穆斯林和南亚的发展过程，了解世界历史不同阶段的政治结构、经济和社会文化生活的显著特征，了解伊斯兰历史，了解欧亚大陆、中东和南亚穆斯林的兴衰历程，了解自文艺复兴至英国殖民印度以来欧洲的发展历程，能够概述南亚次大陆的政治觉醒，以及随后促成巴基斯坦建国的自由运动的前后经过，重点介绍 1947 年至 1973 年宪法的发展及其后的修正案，培养对截至 2020 年的政治变革的认识与了解。

三、初中课程

初中课程分为必修课和选修课。选修课分为 3 个不同的组：科学组、人文组和技术组。必修课包括：英语、乌尔都语、伊斯兰教（必修）或伦理学（非穆斯林）、巴基斯坦研究等。

---

① National curriculum council.Religious education grade VI – VIII 2020［Z］.Islamabad：Ministry of Federal Education and Professional Training，2020.

学生确定一组选修课后，从中选出三门课程，具体课程包括[①]：（1）科学组。物理、化学、数学（选修）、生物／计算机科学／技术学科。（2）人文组。数学（普通）、普通科学和两门选修课（艺术和模型绘制、伊斯兰研究、公民学等）。（3）技术组。普通科学和两门技术学科课程。

四、高中课程

高中课程包含文科和理科，分为不同的学习组，学生需要选择不同的学习组进行下一步的学习，包括[②]：医学预科、工程预科、人文学科、计算机科学、商科、家庭经济学和普通科学。

必修科目包括乌尔都语／巴基斯坦文化、英语、伊斯兰教（非穆斯林学生必须接受公民教育）和巴基斯坦研究，其余课程包括特定学习组中的必修课和选修课。例如，巴基斯坦巴林学校提供5种学习组[③]：（1）医学预科。课程有乌尔都语／巴基斯坦文化、英语、伊斯兰教、巴基斯坦研究、物理、化学和生物。（2）工程预科。课程有乌尔都语／巴基斯坦文化、英语、伊斯兰教、巴基斯坦研究、物理、化学、数学。（3）普通科学。课程包括乌尔都语／巴基斯坦文化、英语、伊斯兰教、巴基斯坦研究、物理、计算机科学和数学。（4）商科。课程包括乌尔都语／巴基斯坦文化、英语、伊斯兰教、巴基斯坦研究、会计原理、经济学原理、商业地理学、商业数学／商业统计学。（5）人文学科。课程包括乌尔都语／巴基斯坦文化、英语、伊斯兰教、巴基斯坦研究、经济学、公民学、伊斯兰研究／计算机科学。

---

① KHAN H.Impact of computer-based instruction on the academic achievements of secondary schools' students of mathematics in district Peshawar（Pakistan）［D］.Peshawar：Qurtuba university of science and information technology，2020.

② KHAN H.Impact of computer-based instruction on the academic achievements of secondary schools' students of mathematics in district Peshawar（Pakistan）［D］.Peshawar：Qurtuba university of science and information technology，2020.

③ HSSC［EB/OL］.［2021-07-30］.https://pakistanschool.org/wp/hssc/.

第三节　保障体系

巴基斯坦基础教育的保障体系主要由教育经费投入、教育质量标准、国家课程框架、教师专业标准和师资队伍建设五大方面组成。

一、教育经费投入

省级政府年度发展计划中投入大量资金用于小学教育，以实现其教育目标。以 2017 财年为例，旁遮普省政府拨款 678.2 亿卢比，比上年（555.6 亿卢比）增长 22.1%；信德省政府拨款 200.7 亿卢比，比上年（148.2 亿卢比）增加 35%；开伯尔 – 普什图赫瓦省政府拨款 172.3 亿卢比，比上年（163.9 亿卢比）增长 5.13%；俾路支省政府拨款 66.5 亿卢比，比上年降低 34.8%。[①]

教育投入不足一直是巴基斯坦教育发展缓慢的一个重要影响因素。为了加快实现普及初等教育的目标，巴基斯坦联邦政府及各省政府部门采取了一系列措施来加大教育投入。联邦政府《公共部门发展项目 2019—2020》确定了 26 个项目，总成本为 187.205 7 亿卢比，其中在基础和学院教育方面划拨 38.051 2 亿卢比[②]，具体如表 5-4 所示[③]：

表 5-4　联邦政府《公共部门发展项目 2019—2020》中基础和学院教育的拨款

部门	项目数量 / 个	公共部门发展项目分配 / 百万卢比
联邦教育与专业培训部	23	3 554.19
财政部	1	165.43
国防部	2	85.50
总计	26	3 805.12

认识到投资教育的重要性，省级政府扩大了对公共部门发展项目的投

---

① Report of the committee on education sector reforms in Pakistan［EB/OL］.［2020-02-11］.https://hec.gov.pk/english/news/Documents 1/Education-Sector-Reforms.pdf.

② Annual plan 2020-21［Z］.Islamabad：Government of Pakistan，2020：87.

③ Annual plan 2020-21［Z］.Islamabad：Government of Pakistan，2020：87.

资，2019—2020 年为基础教育和学院教育拨款 775.06 亿卢比。具体如表 5-5
所示 [①]：

表 5-5　省级政府 2019—2020 年基础教育和学院教育拨款

省	公共部门发展项目分配 / 百万卢比
旁遮普省	34 600
信德省	17 800
俾路支省	17 380
开伯尔 – 普什图赫瓦省	7 726

　　省级政府的教育资金主要用于建立新学校，提升现有学校；改善教育
性别平等问题；教师和教育管理人员的培训和发展；提供缺失的设施；鼓
励女童接受教育；增加入学率，通过正规和非正规教育提高识字率；部门
改革；改善科学和计算机实验室；招聘高素质的教师。[②]

表 5-6　巴基斯坦 2016—2019 年基础教育预算支出 [③]

联邦 / 省	2016—2017 年		2017—2018 年		2018—2019 年	
	预算支出 /十亿卢比	占教育总预算的百分比 /%	预算支出 /十亿卢比	占教育总预算的百分比 /%	预算支出 /十亿卢比	占教育总预算的百分比 /%
联邦政府	19.299	17.00	10.136	8.00	11.003	8.00
旁遮普省	323.559	85.26	292.969	82.18	330.891	86.33
信德省	115.646	61.16	123.549	60.33	159.235	77.42
开伯尔 –普什图赫瓦省	115.745	86.42	133.204	85.40	136.147	80.94
俾路支省	32.760	66.25	39.246	72.77	51.838	81.94

① Annual plan 2020-21［Z］.Islamabad：Government of Pakistan，2020：88.
② Annual plan 2020-21［Z］.Islamabad：Government of Pakistan，2020：88.
③ Academy of Educational Planning and Management.Public financing in education sector 2018-19
［M］.Islamabad: Academy of Educational Planning and Management，2019：11，17-23.

由表 5-6 可以看出，基础教育支出是省级政府教育投入的主要构成部分，旁遮普省、信德省、开伯尔－普什图赫瓦省和俾路支省的基础教育投入均高于联邦政府的投入，但俾路支省远低于其他省。

二、教育质量标准

考虑到巴基斯坦各省之间的差异和省内的城乡分化问题，以及巴基斯坦缺乏明确的中小学优质教育的国家标准的实际情况，在与各省、地区和联邦教育与专业培训部协商和合作下，国家课程委员会于 2016 年 2 月制定完成和发布《优质教育最低标准》，为教育教学提供指南和基准。《优质教育最低标准》界定了中小学学生、课程、课本和学习资料、教师、评价、早期学习和发展，以及学校环境的标准，用于指导学校课程的修订和教学资料的开发，确保联邦各省和地区间学校课程的一致性和兼容性。其中，对优质教育的含义及要素、学生的标准、课程的标准，以及教材和学习资料的标准的界定主要如下[①]。

优质教育的含义及要素：优质教育是有意义的、相关的、满足个体和整个社会需求的教育。优质教育的要素包括学习者、学习环境、内容、过程和结果，这些要素相互作用和协调。优质教育需要包含所有对促进教育有意义的要素，具体包括健康、积极的学习者；安全、健康和保护性的学校环境；以学生为中心的课程；教材和学习资料；得到培训，使用儿童中心教学法教学的教师。

学生的标准包括 7 个方面：成为具有创造、建构、沟通和反思能力的个体；探究、批判性思考和获取知识；得出结论，做出明智的决定，将知识应用到新情境中，并创造新知识；能够有效地参与激烈的全球性知识经济竞争；追求个人发展；分享知识，富有成效地参与民主社会；践行健康生活。

课程的标准包括 9 个方面：促进建立在国家宗教、哲学、文化和精神

---

① Ministry of Federal Education and Professional Training.Minimum standards for quality education in Pakistan：attaining standards for improved learning outcomes and school effectiveness［Z］.Islamabad：Ministry of Federal Education and Professional Training，2016.

基础上的国家和谐、统一和社会团结；强调理解、应用和创造知识，使教育与学生的生活相关，培育终身学习理念；激发学习者的内在潜能，使之成为积极、有生产力、反思性、合作型和坚持民主的公民；培养自主学习、探究精神、批判思维、推理和团队协作相关的高阶思维能力；包含对真实的生活情境有用的最新趋势和概念，使学习更加有关联性、激发性和充满意义；促进和平共处、求同存异；提出多种评价和评估策略，衡量所有学习领域要求的知识、技能和态度；确保学生的品格形成和全面发展；促进全纳教育。

　　教材和学习资料的标准包括 8 个方面：倡导以儿童为中心的教学法，与课程相匹配；提倡和谐和统一，促进国家凝聚力提升；支持探究学习、批判思维和解决问题的能力培养；无性别、种族、宗教、派别、地理、文化、职业偏见，尊重差异；有吸引力、有趣而令人愉快，帮助学习者完成进一步的学习；逐步、系统地呈现真实的文本；提供多种评价机会，评价认知、心理动机和情感能力；促进教师使用多种教学策略。

　　《优质教育最低标准》的制定有助于促进课程研究、教师培训和评价；为发展学生自主学习、探究、批判思维、问题解决、团队协作和分析性思维等能力提供更大的空间。联邦教育与专业培训部时任秘书长哈西卜·阿塔尔指出，最低标准的制定标志着巴基斯坦对优质教育重要性的认可，同时也是改进学校教学的第一步。然而，如何在省级和地区层面持续实施仍然是一项挑战，因此，接下来需要开发一种协调机制来实施这些标准，应对优质教育的所有要素，使学生能够成长为具有创造性、建构性、价值驱动、变革性的主体，为整体社会和经济发展做出贡献。①

三、国家课程框架

　　为将国家课程与日益变化的国际教育发展和研究标准保持同步，在联邦教育与专业培训部的领导下，国家课程委员会秘书处于 2017 年 5 月启动

---

① 　Ministry of Federal Education and Professional Training.Minimum standards for quality education in Pakistan：attaining standards for improved learning outcomes and school effectiveness ［Z］.Islamabad：Ministry of Federal Education and Professional Training，2016：iii.

了对国家课程的修订工作。2017 年 7 月，国家课程委员会正式发布《国家课程框架》（National Curriculum Framework，NCF）。

《国家课程框架》针对 9 门小学科目：学前教育；英语（1 ~ 5 年级）；普通知识（1 ~ 3 年级）；普通科学（4 ~ 5 年级）；阿拉伯语；数学（1 ~ 5 年级）；社会科学（4 ~ 5 年级）；乌尔都语；价值观教育。每门学科的课程框架主要包括导言、课程标准和基准、学习主题和结果、教师角色、评价和教学资源，详细规定了各学科的内容和教学标准。课程中均将价值观和道德规范的材料包含其中，主要包括：正直和诚实；公民意识，本地和全球公民身份意识；健康和卫生；环境保护；民主文化；国家和谐，宽容和尊重多样性。

以数学课程框架为例，其内容包括十章，分别是：导言；1 年级数学课程；2 年级数学课程；3 年级数学课程；4 年级数学课程；5 年级数学课程；教学策略（教师角色）；数学的评价（形成性评价，终结性评价）；数学课程的内容板块 / 能力（年级表格，认知技能，评价试卷格式，评估程序）；教学资源（教材，教材作者指南，教材风格与结构，教师手册，工作簿，网络资源，参考书）。框架规划了小学数学课程的目的、内容领域、课程特征、重点、教师角色和评价，主要观点包括 [1]：小学数学课程框架设计的目的是提供一个涵盖所有年级课程的框架，指导评价任务和工具的开发，帮助教师规划促进学习的教学，帮助教师向学生提供有意义的反馈，以及提供评价和评估学生学习的各种分类和标准；数学课程包含几个内容领域，即数字和操作、测量和几何、代数和数据处理，所有这些内容都以推理和逻辑思维为基础；真实生活情境和数字故事是该课程的主要特征，学生有机会发展技能和能力、应用策略、处理和构建类似的情境和数字故事；课程框架侧重于原则、模式和系统，以便学生可以应用他们不断增长的数学知识，并发展对该主题的整体理解；在数学课程中，教师的任务从"提供信息"转变为规划调查任务、管理合作学习环境和支持学生发展创造力，以促进学生对数学概念的理性理解；为确保评价基于课程期待和课程的成

---

① Ministry of Federal Education and Professional Training.Curriculum for mathematics（grades I-V）[Z].Islamabad：Ministry of Federal Education and Professional Training，2017：1-2.

绩水平，建议采用特定策略来改善学生的学习，建议采用有效的、基于持续监测和有效反馈循环的、学习成果导向的质量保证体系。

《国家课程框架》是巴基斯坦历史上第一个国家性的课程框架，为巴基斯坦各省和地区教育的统一性和国家教育质量的提升奠定了基础，并为国家课程开发铺平了道路，为学科课程开发，教学系统、评价和测试系统的完善，教师专业发展提供全面的指南。

四、教师专业标准

提高基础教育的质量是进入 21 世纪后巴基斯坦联邦政府迫切想要实现的教育目标，因而提升教师素质成为亟待解决的问题。

（一）规范教师准入标准

2001 年，巴基斯坦有 26% 的教师没有接受过正规的教师教育，37% 的教师仅仅接受过小学教师资格培训和初中教师资格培训，44% 的教师甚至没有完成 2 年制的专科院校学习。2005 年对巴基斯坦全国教师普查结果显示：仅有 257 818 位教师有教育学学士学位，约占全国教师总人数的 19%；67 143 位教师及教育工作者有教育学硕士学位，约占全国教师总人数的 4%。[①] 教师准入门槛过低导致教师队伍参差不齐，而教师总体专业水平低下则导致学校无法为学生提供高质量的教育。为了改变这一窘况，巴基斯坦联邦政府在 2009 年发布《巴基斯坦教师专业标准》。

《巴基斯坦教师专业标准》主要是针对初等教育教师，旨在提升初等教育教师的专业素养与能力，进而提高初等教育的教学质量。《巴基斯坦教师专业标准》包括学科知识、人的成长与发展、伊斯兰价值观及社会生活知识、教学设计和策略、评价、教学环境、有效交际及充分利用信息技术、合作伙伴关系、专业发展能力及行为规范、英语作为第二语言（外语）的教学等 10 项标准，每一项标准又包括教师专业知识与理解、教师素养和教学技能等 3 个部分，其主要内容如下 [②]：

---

① 莫海文. 巴基斯坦教师专业标准研究［J］.教育评论，2011（1）：159-161.

② Policy and Planning Wing，Ministry of Education.National professional standards for teachers in Pakistan［S］.Islamabad:Government of Pakistan，2009：10-18.

（1）学科知识。熟悉国家课程大纲及所教学科的基本概念、理论、发展动向，了解新理念、新概念、新发现和该学科与其他学科间的联系；促进学生对新知识的掌握，将知识与现实世界联系，尊重学生的多元智能及差异，培养学生的自信心和学习能力；注意教学的方式与方法，能从多角度解释问题，恰当使用提问策略和生活实例向学生传授知识，提高教学效率。

（2）人的成长与发展。了解学生学习知识的方式及学校、家庭和社会环境对他们的影响，促进学生智力、心理和生理等全面发展；清楚学生构建知识、习得技能和发展心智的过程与方法，了解学生的个人经历、智力和知识基础，以及重视社会价值观对学习的影响；了解学生个人的学习能力和学习风格，通过激励策略提高学生课内、课外解决问题的能力；相信所有的学生具有"可教性"，能通过努力和智慧学好知识；公平对待学生，运用教学理论促使每一名学生进步。

（3）伊斯兰价值观及社会生活知识。了解伊斯兰价值观、《古兰经》及伊斯兰教的宗教仪式、伊斯兰教与其他宗教的联系，并运用相关知识促进国家统一、社会稳定与世界和平；尊重宗教信仰的差异和文化的多样性，用对话解决争端；尊重学生的个人观点，运用伊斯兰教的相关知识解释人权、社会等级和性别、种族等问题，创设安全的教学环境。

（4）教学设计和策略。做好长期和短期的教学计划，利用教学策略培养学生的批判性思维，提高学生的综合技能。了解教育目标、学科课程大纲、教学设计和学习规律，利用课程资源、现代教育技术、教学策略、教学方法及课外活动等促进学生的学习；根据学生不同的学习阶段、学习风格、学习需求、文化背景等设计教学，评价课程资源，设计家庭作业和课外活动，培养学生多学科联系的能力。

（5）评价。理解相关的评价理论，通过不同的评价了解学生的学习状况，促进学生的学习和教学改革；客观、公正地评价学生，多与学生家长联系，并给予学生积极的反馈；用多种数据分析学生的学习状况，详细记录学生的评价数据，帮助学生做好自我评价。

（6）教学环境。尊重学生，创设安全、积极向上的学习环境，积极参与学生的互动性学习活动，引导学生进行自我激励，以有效的课堂管理策略促进学生进行合作性学习。

（7）有效交际及充分利用信息技术。有效运用言语、非言语、书面语言等交际技巧及计算机技术与学生及家长交流；能够使用当地方言、乌尔都语或英语进行口头及书面交流；促进学生文化交流，当一名细心的听众，让学生畅所欲言；运用信息技术进行大纲修订、授课、评价、教学和科研；使用现代信息数据及计算机，做好学生的档案整理、测试、作业安排及评价等工作。

（8）合作伙伴关系。促进学校与家庭、社区、学生家长、监护人及其他成员的合作，共同促进学生的学习；充分利用家庭和社区资源帮助学生学习，丰富学生的学习经历。

（9）专业发展能力及行为规范。遵守专业行为规范，通过教学反思积极促进自身专业发展；加强与高校的联系，更有效地提高教与学的质量，以满足学生、学校及社会的要求；把专业反思、评价和学习作为一种持续的过程，加强与同事的合作，分享成功经验。

（10）英语作为第二语言（外语）的教学。了解英语在巴基斯坦的地位及英语学科的标准，能用英语授课；了解英语的句法结构、英语教学的方法、英语学习的步骤及主要困难，消除对英语的偏见；能使用英语及乌尔都语进行教学，能理解和分析英语学习中的问题，通过听、说、读、写练习提高学生的英语交际能力；根据教学大纲，运用教学理论改进英语教学。

综上，《巴基斯坦教师专业标准》从学科知识、人的成长与发展、伊斯兰价值观及社会生活知识、教学设计和策略、评价、教学环境、有效交际及充分利用信息技术、合作伙伴关系、专业发展能力及行为规范、英语作为第二语言（外语）的教学等对教师需要具备的素质做出了规定，这些具体、客观、科学的要求有助于确保教师获得应该具备的素质，进而有利于提高初等教育的质量。

五、师资队伍建设

巴基斯坦通过加强教师在职培训、鼓励女性教师到农村去任教、完善招聘制度等来提升基础教育师资队伍建设。为培养能够承担学术研究和课程开发任务的优秀专业教师，巴基斯坦教育部门改进了职前培训的内容，侧重于新知识、新理论的渗透，从各个方面加强了教师的选拔、任用和培训。

此外，还大力培养女性教师，通过提供奖励等方式激励女性教师去落后的乡村地区任职，如 2011—2016 年，开伯尔 – 普什图赫瓦省总计投入 2.5 亿卢比，成功激励 20 863 名女性教师到乡村地区任教。

教师招聘工作具体由地区政府负责，地区招聘委员会和投诉委员会保证招聘过程的透明度。在招聘过程中，笔试总成绩前 50% 的人将有资格进入由地区招聘委员会举办的面试。具体招聘环节如下：招聘考试公告→通过有认证资格的考试系统进行测试（如国家测试服务系统）→由地区招聘委员会公布所需教职员工人数→地区招聘委员会进行面试→面试后择优录取并公布。

在信德省南部地区，新的招聘政策于 2012 年实施，引入了国家测试服务系统。俾路支省的初等教育和中等教育教师招聘分别考试，新的政策规定，公立学校招聘人员必须接受两年制专业培训，教育和学科专业硕士学位是中学招聘人员的必要条件。在旁遮普省，教师招聘首先是通过国家测试服务系统进行学术资格认证和测试，随后是最终面试。在开伯尔 – 普什图赫瓦省，教师招聘必须进行考试。在旁遮普省和开伯尔 – 普什图赫瓦省，教师都先以合同形式聘用，3 年服务期之后才能转正。①

旁遮普省政府为确保能够招聘到优质的教师，对教师招聘工作做出了以下要求②：对具备相关素质的优秀人才要择优录取；尽可能提供基于学科需求的教师；在所有初等教育学校中，要重新分配空缺职位，并且每所学校中要至少配备一名专职数学教师或科学教师；学校要配备乌尔都语专职教师；教师应具备相应的资格。

---

① SARANGAPANI P M，PAPPU R，et al.Handbook of education systems in South Asia ［M］. Singapore：Springer Nature Singapore Pte Ltd.，2021：1232-1233.

② PESRP.Recruitment of Teachers ［EB/OL］. ［2017-9-30］.http：//pesrp.edu.pk/pages/Teachers-Recruitment.

第六章

巴基斯坦

高等教育

巴基斯坦高等教育已形成本科、硕士和博士完整的三级体系。本科教育获取的是终极文凭，硕士教育和博士教育以个人学术旨趣或生涯规划为基础，为个人深造提供可能途径。本科教育的培养目标包括能力本位学习、广度和深度间的平衡、专业化、应用性知识、创造力、终极学位。硕士教育培养专业型硕士和学术型硕士：专业型硕士旨在培养学生在特定环境下应用知识体系从事专业工作及进一步学习的能力；学术型硕士旨在培养学生将先进的知识体系应用于研究和学术领域的能力，并为其进一步学习奠定基础。博士教育的目标是培养能在一个或多个研究、学术或专业实践领域应用大量知识进行研究、调查和开发新知识的个体。

总体上，巴基斯坦高等教育进入了发展的快车道，《高等教育委员会 2025 愿景》提出，要着力实施三级高等教育体系，推进研究创新和商业化，促进高等教育的机会平等，加强领导力，提升治理和管理水平，增加高学历教师数量，提升所有资格水平的课程内容质量。

第一节　培养目标与实施机构

巴基斯坦高等教育由本科、硕士和博士教育三级体系构成，在联邦教育与专业培训部总体指导下，由高等教育委员会直接管理，学位授予机构、大学，以及附属学院实施人才培养工作。

一、培养目标

（一）本科教育的培养目标

本科教育的培养目标包括[①]：（1）能力本位学习，包括四个部分，即知识（学科、跨学科、认知和程序），技能（写作、口头交流、与信息和通信技术相关的技能、定量分析、分析和解决问题的技能、批判性和创造性思维以及学习技能），专业行为（自律、时间管理、正直、好奇心、虚心）和人际关系品质（移情、自我效能、协作）。（2）广度和深度间的平衡。一方面，培养广泛的技能，为未来发展奠定基础；另一方面，培养专注力，它是提升严谨性的关键。（3）专业化。使学生对专业领域有深入的理解，为随后的教育分流做准备。（4）应用性知识。为学生将所获得的知识和技能应用于生活做准备。（5）创造力。培养学生的好奇心、创造力、探索和发现的能力。（6）终极学位。将所有本科学位设计为终极学位，使随后的深造是出于愿望、好奇心等，而非被迫。

巴基斯坦本科学位分为五种类型[②]：（1）4年制学士学位。包括文科和理科学位，统称为学士学位。（2）4年制专业学位。包括工程学士、牙

---

① Higher Education Commission.Undergraduate education policy 2020［Z］.Islamabad：Higher Education Commission，2020：1.

② Higher Education Commission.Undergraduate education policy 2020［Z］.Islamabad：Higher Education Commission，2020：2.

科外科学士，以及护理学学士学位。（3）5年制专业学位。包括建筑学学士、东方医学和外科学士、顺势疗法医学学士、兽医学博士、药学博士、法学学士、医学学士、外科学士学位。（4）4年制理事会学科学位。包括农业、商科、计算机科学、教育、技术专业的本科学位。（5）2年制副学士学位。学生主要在附属学院攻读，它取代了已经停办的文学学士和理学学士学位。

（二）硕士教育的培养目标

硕士学位包括1～2年的专业型硕士学位和1.5～2年的学术型硕士学位。

1～2年的硕士学位专业包括生物科学、商科、物理科学、计算机科学、人文学科、语言类及社会科学，培养目标是使个体具备在特定环境下应用知识体系从事专业工作及进一步学习的能力。具体要求包括：（1）知识。系统和深入掌握一个或多个学科和领域的基本原则和概念，掌握研究原理和方法。（2）技能。具有认知能力，能批判地总结、分析、巩固和综合知识，独立分析、解决问题；具有认知和技术能力，能广泛理解知识体系和理论概念，在一些领域能达到深入理解；具备在理解新问题时批判地进行思考和判断的认知能力；具备沟通能力，能够向不同受众清晰、连贯地阐述知识和观点。（3）知识和技能的应用。在专业实践和/或学术方面具有自主性和判断力；能将知识和技能应用于多种场景中；能对自己的学习和实践负责，广泛地与他人合作；能独立规划和执行项目工作，进行研究和学术创新。[①]

学术型硕士学位的专业包括农业和兽医科学、生物科学、商科、物理科学、计算机科学、工程学，以及社会科学，培养目标是使个人具有将先进的知识体系应用于研究和学术领域的能力，并为进一步学习奠定基础。具体包括：（1）知识。形成知识体系，了解一个或多个学科的最新发展；具有先进的适用于工作或学习领域的研究原则和方法知识。（2）技能。具有认知能力，掌握理论知识并批判地反思理论及其应用；运用认知、技术和创新能力，调查、分析和综合复杂信息、问题、概念和理论，能将既定

---

① Higher Education Commission.National qualifications framework of Pakistan 2015 ［Z］.Islamabad：Higher Education Commission，2015：21.

理论应用于不同的知识体系或实践中；运用认知、技术和创新能力，在抽象层面产出与评估复杂思想和观念；运用认知和技术能力，设计、使用与评估研究和研究方法；具有沟通和技术能力，能提出连贯而持久的论点，向专业和非专业受众传播研究成果；具有技术和沟通能力，能通过设计、评估、实施、分析、理论化和传播推动知识的研究。（3）知识和技能的应用。对进一步学习具有创造力和主动性；具有高度的个人自主性和责任感；能够规划并进行大量研究。①

（三）博士教育的培养目标

博士教育的学科包括生物科学、商科、物理科学、计算机科学、社会科学、艺术和人文科学。博士教育旨在培养能在一个或多个研究、学术或专业实践领域应用大量知识进行研究、调查和开发新知识的个体。具体包括以下三方面②：（1）知识。具备丰富的工作或学习领域的前沿知识，包括原创性知识；具备丰富的适用于工作或学习领域的研究原则和方法。（2）技能。具有认知能力，能专业地理解理论知识并批判地反思理论和实践；具有认知能力，使用智力独立进行批判性思考、评估现有的知识和思想，系统地调查、反思理论与实践，产生原创知识；具备适用于工作或学习领域的专业技术能力和创造性能力；具备解释和批判理论命题、方法论和结论的沟通能力；具备中肯地呈现复杂研究及向同侪与社会介绍研究成果的沟通技能，并且这些研究必须通过依据国际标准展开的、基于原创性的外部检验；具备设计、实施、分析、理论化和沟通研究内容的专业能力，并且这些研究对知识和 / 或专业实践要具有重大的原创性贡献。（3）知识和技能的应用。具有知识独立性；对进一步学习具有主动性和创造力；对个人成果承担全部责任；有能力进行规划和原创性研究；具有持续产生新知识的能力，包括在专业实践的背景下。

---

① Higher Education Commission. National qualifications framework of Pakistan 2015 ［Z］. Islamabad：Higher Education Commission，2015：22.

② Higher Education Commission. National qualifications framework of Pakistan 2015 ［Z］. Islamabad：Higher Education Commission，2015：23.

二、实施机构

巴基斯坦高等教育在联邦教育与专业培训部总体指导下，由高等教育委员会直接管理，高等教育机构包括学位授予机构、大学，以及附属学院。

（一）行政部门

巴基斯坦高等教育管理由联邦层面的高等教育委员会和各省高等教育管理部门共同承担。高等教育委员会对巴基斯坦高等教育发展至关重要。高等教育委员会成立于 2002 年，取代了之前的大学教育资助委员会。巴基斯坦高等教育委员会是依据宪法成立的独立的自治机构，主要负责高等教育的资助、监督、调控和认证工作。高等教育委员会在卡拉奇、拉合尔、白沙瓦和奎达设有 4 个区域中心，各中心的核心职责是为地区的高等院校提供便利，并为不同的大学、教职员工、学生以及普通民众提供广泛的高等教育服务。

如图 6-1 所示，各省的高等教育部门分别是信德省高等教育部、开伯尔–普什图赫瓦省高等教育部、旁遮普省高等教育部，以及俾路支省高等院校与技术教育部。

2019 年，高等教育委员会成立全国高等教育学会。全国高等教育学会旨在提高巴基斯坦高等教育机构的教学、研究和管理质量，其具体目标包括：提供一种能使参与者合作开发、批判性地考察、保存和分享教育知识与价值观的学习环境；吸引多种社会、经济和种族背景的个体，尤其是针对接受高等教育服务不足的群体；培养有能力、有爱心的教育工作者和教育管理者，使之能理解所服务的学生和社区、平衡知识与实践的关系，发展成为有道德和有成效的专业决策者和领导者；培养全球化社区中的教师或学者，让他们在高等教育中从事研究，担任教育者、管理者、决策者和领导者。

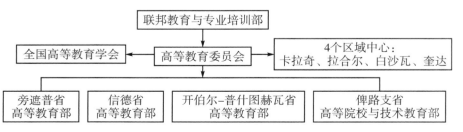

图 6-1　巴基斯坦高等教育组织结构

（二）教育机构

根据不同的划分标准，巴基斯坦高等教育机构有不同的类型。

1. 大学 / 学位授予机构和附属学院

根据是否具有学位授予权力，巴基斯坦高等教育机构可分为两类，即大学 / 学位授予机构和附属学院。两种机构均包含公立和私立机构。大学由巴基斯坦高等教育委员会管理。附属学院则受双重管理，其行政事务由所属省级高等教育部门管理，学术事务则由所附属大学管理；附属学院由省级政府提供财政支持，其高等教育学位由所附属的大学授予。①

在巴基斯坦高等教育系统中，大学数量相对较少。大学能够满足普通大众的学习需求，为国民经济提供训练有素的人力资源。大学包括特许大学、研究型大学、军事学院等，大多受公共部门资助，也有少数私立大学，但私立大学的学费和服务费用较高。②大学负责进行考试，维持这些附属机构和学院的教学、课程和其他服务标准。除了附属学院，有一些大学还有自己的分校，分校的教学大纲、学习标准和费用结构及规则，均遵循主校区的政策。研究职能仅限于大学，教学职能则大学和学院均能实施。③

巴基斯坦拥有近 3 000 所学院及其他附属于大学的教学机构，多数是公立院校。附属学院遵循所属大学的课程安排，按最低要求确定课程大纲，进行定期考试，包括年度进阶考试和毕业考试，并授予最终学位。附属学院教授学位课程，为学生提供了一种相对容易且经济高效的能力拓展方式，尤其对于偏远地区的学生而言。自 20 世纪 90 年代以来，附属学院数量激增，即便如此，进入学院的机会仍大多给了城市地区的学生。由于公立学院在某种程度上依赖学费，许多学院只提供热门研究领域的课程，如学院会提供广泛的系统艺术和科学课程，有些则提供工商管理、教育或工程学等学科领域的课程。一所学院，尤其是那些具有广泛学习项目的学院，可以与

---

① Higher Education Commission.Higher education development program［Z］.Islamabad：Higher Education Commission，2019：4.

② Ministry of Federal Education and Professional Training.National education policy 2017［Z］. Islamabad：Ministry of Federal Education and Professional Training，2017：76-77.

③ TAHIR A G.Higher education marketing：a comparative study of private universities in Pakistan and Malaysia［D］.Islamabad：International Islamic University，2017.

多个大学建立关联。①

以旁遮普大学为例。旁遮普大学是巴基斯坦最古老的大学,由5个校区,13个学院,10个分校,73个系、中心和研究所以及614所附属学院组成。学校有超过818名终身教职教师和超过36 000名在校学生。②学生中,约有72%攻读学士学位,26%攻读硕士学位,2%攻读博士学位。博士研究生攻读的热门学科领域是社会科学、物理科学、生物医学科学,其次是艺术和人文专业、农业和兽医学。③

2. 普通大学和专业大学

按照学科划分,大学包括普通大学和专业大学两种。普通大学提供跨越整个学科范围的各种课程,专业大学提供特定学科的学术课程。巴基斯坦高等教育委员会将大学划分为6类:普通大学、工程与技术大学、商业教育大学、农业与兽医大学、医学大学、艺术与设计大学。④

3. 公立大学和私立大学

以经费来源划分,巴基斯坦高等学校可分为公立大学和私立大学两大类。1947年,信德大学正式成立,这是由巴基斯坦人民独立自主创办的第一所大学。⑤20世纪70年代初,许多新大学成立,所有教育机构都被国有化。从20世纪80年代中期开始,巴基斯坦建立了私立大学。这一时期还建立了许多其他私立机构,但直到1991年,只有两所私立大学得到承认。其中之一是1983年成立的阿迦汗大学,还有一所是拉合尔管理科学大学。到20世纪90年代末,巴基斯坦对高等教育的需求不断上升,导致私立大学数量爆炸性增长。然而,这些新大学成立的速度使其教学质量难以保证。2005年,巴基斯坦共有54所私立大学或学位授予机构。2006年,巴基斯

① TAHIR A G.Higher education marketing:a comparative study of private universities in Pakistan and Malaysia［D］.Islamabad:International Islamic University,2017.

② The quality assurance agency for higher education.Country report:the islamic republic of Pakistan［R］.［S.l.:s.n.］,2017:6.

③ The quality assurance agency for higher education.Country report:the islamic republic of Pakistan［R］.［S.l.:s.n.］,2017:8.

④ The quality assurance agency for higher education.Country report:the islamic republic of Pakistan［R］.［S.l.:s.n.］,2017:6.

⑤ 陈恒敏.巴基斯坦高等学校的发展沿革及其类型特点探析［J］.南亚研究季刊,2018(1):53-60,5.

坦有 61 所私立大学或学位授予机构。2016 年，巴基斯坦有 74 所私立大学或学位授予机构。①2019—2020 学年，巴基斯坦共有 211 所大学，其中公立 128 所、私立 83 所。同时，这些大学的分校区扩大到 122 个，其中公立 87 个、私立 35 个。②

巴基斯坦较早的私立大学，如阿迦汗大学和拉合尔管理科学大学等，都是巴基斯坦较好的大学。但同时，也有很多私立大学规模较小、专业化程度较低、教学质量较差，主要提供企业管理和信息技术等领域的课程。

4. 联邦高校和省属高校

以管辖层次划分，巴基斯坦高校分为联邦高校与省属高校两类。联邦高校位于联邦政府直辖区内，由联邦政府管理并授权，巴基斯坦总统担任伊斯兰堡首都特区的公立高校校长；省属高校则位于各省，由省政府管理并授权，公立高校校长为本省的省长。③附属学院由省级政府资助和管理，属于省级高校。

就入学人数而言，阿拉玛·伊克巴尔开放大学是巴基斯坦最大的公立大学，同时也是世界上最大的大学之一，这是一家开放远程教育的机构。其成立于 1974 年，主要目标是为大众，尤其是那些不能离开家园和工作地点的人提供教育机会。阿拉玛·伊克巴尔开放大学平均每年招收的学生人数超过 120 万，提供 2 000 多门课程；有 9 个区域校区、33 个区域中心、41 个用于面授课程的学习中心和 138 个区域协调办公室；此外，该校还在巴基斯坦各地建立了 1 172 个学习中心。阿拉玛·伊克巴尔开放大学引入了物理学、农业推广、牲畜管理和营养、林业推广、计算机科学等学科的课程，非常重视科学和技术。该大学与私营部门合作建立学习中心，在计算机科学和管理科学领域提供指导和实践培训。④

表 6-1 为巴基斯坦高等教育机构的数量。

---

① TAHIR A G.Higher education marketing：a comparative study of private universities in Pakistan and Malaysia［D］.Islamabad：International Islamic University，2017.

② Annual plan 2020-21［Z］.Islamabad：Government of Pakistan，2020：91-92.

③ 陈恒敏.巴基斯坦高等学校的发展沿革及其类型特点探析［J］.南亚研究季刊，2018（1）：53-60，5.

④ An overview［EB/OL］.［2022-02-01］.https：//aiou.edu.pk/overview.asp.

表 6-1　巴基斯坦高等教育机构的数量 [1]

单位：所

年度	文理学院		专业学院		大学 **	
	合计	女校	合计	女校	合计	女校
2009—2010	1 497	673	512	25	72	5
2010—2011	1 499	680	598	39	72	5
2011—2012	1 556	718	549	28	76	6
2012—2013	1 610	737	534	28	84	8
2013—2014	1 646	749	616	46	91	8
2014—2015	1 731	812	714	55	98	11
2015—2016	1 806	869	717	68	104	12
2016—2017	1 934	941	712	60	105	12
2017—2018	1 994	975	722	83	115	12
2018—2019*	2 326	1 087	668	62	115	12

注：*为暂时；**为大学包括学位授予机构的数据（不包括巴基斯坦军事学院和阿拉
玛·伊克巴尔开放大学）。

在 2019—2020 年度之前，巴基斯坦的政策是在每个地区建立一所大学
或大学校区。但在 2019—2020 年度，高等教育委员会决定在不影响质量的
前提下增加学生受高等教育的机会。因此，高等教育委员会规定在建立现
有大学之前，必须进行必要的评估，新校区只有在经过需求评估后才获允
建立。[2]

第二节　课程设置

巴基斯坦高等教育分本科、硕士和博士教育三级体系，基于各自的培
养目标，设置相应的课程。

---

[1]　Pakistan Bureau of Statistics.Pakistan statistical yearbook 2019［Z］.Islamabad：Government of
Pakistan，2021：127.

[2]　Annual plan 2020-21［Z］.Islamabad：Government of Pakistan，2020：91-92.

一、本科课程及要求

巴基斯坦发布新的本科教育政策《本科教育政策 2020》，规定了本科教育的课程框架及要求。

（一）本科课程框架

为保证学生学习效果，本科学习计划需要在学科要求、通识教育要求和实践学习要求之间寻求平衡（图 6-2）。

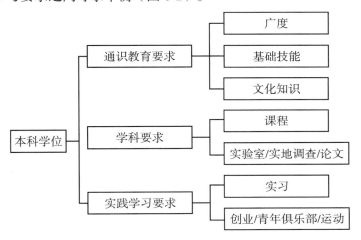

图 6-2　巴基斯坦本科学位课程框架 [①]

（二）本科课程要求

所有本科课程，包括专业学位课程，必须达到以下要求 [②]。

1. 通识教育要求。学术课程确保每个学生都熟悉 21 世纪广泛的探究领域和获得知识的方法，具体包括以下内容：（1）广度。要求学生在三大知识领域，即艺术与人文、自然科学和社会科学领域各修 2 门课程。（2）基础技能。要求学生学习 3 门说明文写作课程和 2 门定量推理课程。（3）文化知识。要求学生在巴基斯坦研究、伊斯兰研究或宗教研究方面各选修 1 门课程。

---

① Higher Education Commission.Undergraduate education policy 2020［Z］.Islamabad：Higher Education Commission，2020：5.

② Higher Education Commission.Undergraduate education policy 2020［Z］.Islamabad：Higher Education Commission，2020：3-5.

针对以上要求，每所大学都有设计、开发和安排课程以满足通识教育要求的自由，但为了帮助大学发展，高等教育委员会将针对上述所有要求开发示范课程。通识教育课程是接受教育的个体应该掌握的最低限度的知识，而不是完整的教育过程，是起点，而不是终点。

2. 学科要求。旨在加深学生对所选学科或专业知识的理解，包括以下内容。

（1）4 年制学士学位：要求所有学生从三大知识领域（艺术和人文、自然科学和社会科学）中选择 1 个专业。根据特定科目，除课程要求外，还可能有实验要求、实践或实地工作要求和 / 或研究与论文要求。

（2）专业领域：学科要求由相关部门与专业协会或学术委员会合作制定。

（3）副学士学位：学科要求由学院所附属的大学决定。

3. 实践学习要求。为学生提供未来就业、创业、参与社会或政治活动、从事体育或其他娱乐及竞争活动所需的技能，包括：（1）实习。每个学生必须在第四学期结束后的任何时间，完成至少 9 周的实习计划（通常在夏季进行）。大学应与雇主合作安排必要数量的实习机会。（2）实践学习实验室。每个学生必须参加至少 4 个学期的至少 1 个无学分课外项目（简称"实验室"）。"实验室"每周至少开会 4 小时（如每周两次下午会议）。根据大学现有的设施，在创业、青年俱乐部和体育 3 个领域中的 1 个或多个领域提供"实验室"。

在所有课程中，包括通识教育课程，学生都应超越中学水平，提高自身能力，具体包括写作、沟通、数学、语言、分析和学科知识能力。

二、硕士课程及要求

硕士研究生要获得硕士学位或同等学位，需要完成 30 个学分的课程，或 24 个学分的课程，以及至少 6 个学分的研究工作或论文。[①] 论文撰写完

---

① Minimum criteria for admission in MS/MPhil/Equivalent and PhD programs ［EB/OL］. ［2022-01-15］.https：//www.hec.gov.pk/english/services/faculty/Plagiarism/Documents/Admission%20Criteria%202016.pdf.

成之后，硕士研究生将其提交给导师进行评价。在获得导师批准后，论文会被提交给两名外校导师进行进一步评价，在论文获得肯定报告后，大学的考试主管会安排一次考试，如果考试顺利通过，考试主管会推荐该研究生获得硕士学位。研究成果需要通过查重软件进行验证，对于社会科学，论文重复率必须低于 19%。[①]

三、博士课程及要求

博士生需要完成 18 个学时的课程，最好是在第一年完成，然后进行综合考试，以获得博士研究生资格。博士论文评审成员除了有当地委员会成员，还必须有至少两名来自技术或学术先进国家的有博士学位的专家。论文在提交给外国专家之前，必须先经过查重。在论文评审通过后，博士生需对论文进行公开答辩。要获取博士学位，博士生还需要在高等教育委员会认可的 W 类或 X 类期刊上发表至少一篇与其研究相关的论文（社会科学类博士生在 Y 类期刊发表即可）。

第三节　保障体系

巴基斯坦高等教育的保障体系包括教育经费投入、质量保障机制、国家资格框架、国家课程修订和师资队伍建设等方面。

一、教育经费投入

巴基斯坦高等教育委员会负责向联邦政府提交与公立高等教育机构有关的预算，并向高等教育机构分配资金。《高等教育委员会条例》强调了资金责任，即收集公立高等教育机构的经常性和发展性预算信息，并提交给联邦政府，以便从财政拨款中进行资金分配。巴基斯坦高等教育委员会每年根据高等教育机构的需求和发展项目对这些资金进行分配，并根据具

---

① KHAN N.Comparative analysis of MPhil/PhD education programmes in public and private sector universities in Khyber Pakhtunkhwa, Pakistan［D］.Peshawar：Sarhad University of Science and Information Technology, 2016.

体提案和公立高等教育机构的总体绩效给以研究。[①]

　　该条例详细说明了所有经费的处理程序。条例规定，高等教育委员会应设立一个账户，其中包含联邦或省政府、任何个人机构提供的所有赠款和捐款。该账户将用于公立高等教育机构的所有拨款和支出，应与财务总监协商后保存，并由巴基斯坦审计长审计。高等教育委员会的财政预算包括经常性预算和发展性预算。经常性预算工作与政府每年的预算工作一起进行，包含以下项目：（1）大学补助金。高等教育委员会向公立高等教育机构提供的资金，用于资助其办学和运营。（2）高等教育委员会企业支出。高等教育委员会运营的资金，用于配备职员、交通、信息技术、运营国家和地区办公室等。（3）学术活动。高等教育委员会将这些资金用于一系列跨部门活动，如高等教育委员会数字图书馆、巴基斯坦教育和研究网络等。（4）促进研究。高等教育委员会资助科学期刊和国家大学研究项目，以及访问学者项目的研究。发展性预算由规划委员会制定，资金用于基本工程和其他项目，如购买设备、聘请外籍教师、建立新部门、课程开发、IT升级、教师发展等，预算通常在4 000万卢比至4亿卢比之间。经常性开支可由高等教育委员会部门发展工作组批准，发展性开支可通过规划委员会批准。[②]

　　巴基斯坦联邦政府一直是高等教育的主要资助方，省级政府主要承担附属学院和一些新的公立大学的经费支出，对高等教育的投入份额仍然较低。[③]高等教育委员会也会在一定程度上资助私立大学进行研究和基础设施建设，并监督它们维持标准。[④]以2014—2015财年为例，联邦政府通过高等教育委员会为高等教育提供了780多亿卢比，占公立高等教育机构总支出

---

① KHAN N.Comparative analysis of MPhil/PhD education programmes in public and private sector universities in Khyber Pakhtunkhwa，Pakistan［D］.Peshawar：Sarhad University of Science and Information Technology，2016.

② Encyclopedia of International Higher Education Systems and Institutions，Springer Nature B.V. 2019［EB/OL］.https：//doi.org/10.1007/978-94-017-9553-1_578-1.

③ Ministry of Federal Education and Professional Training.National education policy 2017［Z］.Islamabad：Ministry of Federal Education and Professional Training，2017：78.

④ KHAN N.Comparative analysis of MPhil/PhD education programmes in public and private aector universities in Khyber Pakhtunkhwa，Pakistan［D］.Peshawar：Sarhad University of Science and Information Technology，2016.

的 60%，占当年联邦政府教育总预算的 77%，而各省对高等教育的支出仅占省教育预算的 10% 至 13%。[①] 表 6-2 为巴基斯坦高等教育 2016—2019 年的预算支出。

表 6-2　巴基斯坦高等教育 2016—2019 年预算支出[②]

联邦 / 省	2016—2017 年		2017—2018 年		2018—2019 年	
	分配 / 十亿卢比	占教育总 预算的 百分比 /%	分配 / 十亿卢比	占教育总 预算的 百分比 /%	分配 / 十亿卢比	占教育总 预算的 百分比 /%
联邦政府	79.486	70.00	101.523	80.00	107.630	82.00
旁遮普省	41.724	11.00	44.613	12.51	37.063	9.67
信德省	26.058	13.78	28.732	14.03	29.017	14.11
开伯尔—普 什图赫瓦省	14.281	10.66	18.733	12.01	18.798	11.18
俾路支省	15.619	31.58	13.405	24.86	10.101	15.97

由表 6-3 可知，2012—2019 年，巴基斯坦教育总预算占 GDP 的比例年均约为 2.2%，高等教育总预算占 GDP 的比例年均约为 0.25%；联邦直辖区的高等教育总预算占教育总预算的比例年均约为 75%，旁遮普省的高等教育总预算占教育总预算的比例年均仅 12%。[③]

[①]　Ministry of Federal Education and Professional Training.National education policy 2017［Z］. Islamabad：Ministry of Federal Education and Professional Training，2017：78.

[②]　Academy of Educational Planning and Management.Public financing in education sector 2018-19［M］. Islamabad：Academy of Educational Planning and Management，2019：17-23.

[③]　AZEEM A M，杨美佳，张玉凤 . 巴基斯坦高等教育治理改革的现状与展望［J］. 大学教育科学，2020（6）：72-78.

表 6-3 巴基斯坦及其各行政区域高等教育预算
占比情况一览表（2012—2019 年）①

单位：%

年度	教育/高等教育总预算占 GDP 的百分比	高等教育总预算占教育总预算的百分比				
		联邦直辖区	旁遮普省	信德省	开伯尔-普什图赫瓦省	俾路支省
2012—2013	2.1/0.25	73	12	19	13	18
2013—2014	2.2/0.26	71	11	15	12	20
2014—2015	2.2/0.24	73	12	13	12	19
2015—2016	2.3/0.25	73	13	14	12	20
2016—2017	2.2/0.25	70	13	14	12	23
2017—2018	2.2/0.26	80	13	14	12	25
2018—2019	2.3/0.25	82	10	14	11	16

当前巴基斯坦高等教育经费政策目标②：设立捐赠基金，建立经济援助制度，不论经济背景吸引更高质量的学生，培养学生的才能，使之成为有生产力的学者；重新定义校长的角色，将筹资和高校发展作为校长的主要职责；应确保联邦和省级高等教育预算每年稳步增长。

二、质量保障机制

巴基斯坦通过成立高等教育质量保障机构，建立高等教育内部质量保障机制和外部质量保障机制，确保高等教育质量。

（一）质量保障机构

除了高等教育委员会，巴基斯坦教育质量保障机构还包括质量保障委员会、质量保障署和质量提升中心。

质量保障委员会由高等教育委员会在 2003 年成立，其作为高等教育委员会的咨询机构，负责制定有效的优质教育制度。许多私立和公立大学的

---

① AZEEM A M，杨美佳，张玉凤.巴基斯坦高等教育治理改革的现状与展望［J］.大学教育科学，2020（6）：72-78.

② Ministry of Federal Education and Professional Training.National education policy 2017［Z］.Islamabad：Ministry of Federal Education and Professional Training，2017：85.

副校长以及高等教育委员会的代表都是质量保障委员会的成员。[①]

质量保障署由联邦政府通过高等教育委员会于 2005 年成立，其宗旨是确保和提高巴基斯坦的高等教育质量。质量保障署作为一个决策和调控组织，参与质量提高程序或标准的系统实施，以促进高校及其项目与国际接轨和提高高校及其项目竞争力。质量保障署直接向高等教育委员会主席报告，通过每季度召开会议、实地访问和提交进展报告来调控质量提升中心、质量保障署与质量保障委员会三方协作管理事务，质量保障委员会担任质量保障署的顾问委员会。[②]

质量保障署负责在公立和私立大学内部建立质量提升中心。质量提升中心由一名专业人士领导，该专业人士直接向各自大学的副校长或校长汇报工作，并负责内部学术审核。质量提升中心的主要工作是开展自评，并在每学年结束后撰写一份质量保障署规定的自评报告。[③]

在以上部门履行职能和相互协调基础上，巴基斯坦高等教育质量保障机制得以形成。

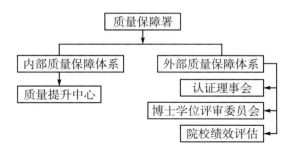

图 6-3　巴基斯坦高等教育质量保障机制[④]

①　AKHTAR M.A study of determinants of quality assurance of teacher education programs at university level in Pakistan［D］.Bahawalpur：The Islamia University of Bahawalpur，2021.

②　AKHTAR M.A study of determinants of quality assurance of teacher education programs at university level in Pakistan［D］.Bahawalpur：The Islamia University of Bahawalpur，2021.

③　AKHTAR M.A study of determinants of quality assurance of teacher education programs at university level in Pakistan［D］.Bahawalpur：The Islamia University of Bahawalpur，2021.

④　RAMZAN A，KHAN A M.Quality enhancement cell and quality standards in Pakistan：document analysis of the manual for self-assessment［J］.Bulletin of education and research august，2020（2）：113-130.

（二）内部质量保障体系

大学内部质量保障体系包括大学的内部质量审核和项目自我评价两个部分，通过质量提升中心监管。通过这种方式，可以收集有关教育质量的信息。自评报告在质量保障过程中起着至关重要的作用，该报告由院校在高等教育委员会及委员编制的自评手册的指导下撰写。自我评价的基本目的是保持并不断提高学术标准；确保课程符合院校目标；提高学生学习能力；保障学术课程质量。质量保障署规定所有机构必须进行自我评估，包括：项目任务、目标和结果；课程设计和组织；实验室和计算设施；学生支持和指导；过程控制；教师；机构设施；院校支持。高等教育委员会发布的自评手册中提供了自评指南，以保持和提高高等教育机构的质量。[①]

这些质量提升中心除采取多种措施来提高高等教育机构的学术质量，还实施了学术课程的质量评估机制，这一机制被称为自评过程。此过程的结果将形成一份自评报告。准备自评报告的主要目的是通过向教职员工和行政部门提供反馈，以启动改进行动计划，改进学术课程并确保较高的学术水准；为学生提供进入核心岗位所需的基本技能培训，包括解决问题的能力，实验和数据分析技术，团队合作经验，人际交往能力，基本和高级信息技术技能。[②]

（三）外部质量保障体系

外部质量保障体系包括院校绩效评估、认证和同行评议三个方面。

院校绩效评估通过质量保障署设立的审查小组以现场访问的形式进行。为了组织这些访问，高等教育委员会为高等教育机构制定了以下绩效评估标准：使命和目标；诚信；组织和治理；教师；规划和评估；学生；学术项目和课程；公开程度和透明度；学生支持服务；院校资源；评价和质量保障。[③]

---

① AKHTAR M.A study of determinants of quality assurance of teacher education programs at university level in Pakistan［D］.Bahawalpur：The Islamia University of Bahawalpur，2021.

② INTERNAL QUALITY ASSURANCE［EB/OL］.［2020-02-12］.https：//hec.gov.pk/english/services/universities/QAA/InternalQA/Pages/default.aspx.

③ AKHTAR M.A study of determinants of quality assurance of teacher education programs at university level in Pakistan［D］.Bahawalpur：The Islamia University of Bahawalpur，2021.

质量保障署的目的是确保所有高等教育机构的本科课程都得到各自的认证委员会的认证。当前的认证委员会包括：巴基斯坦律师协会、巴基斯坦建筑师和城市规划师理事会、巴基斯坦工程委员会、巴基斯坦医学委员会、巴基斯坦护理委员会、巴基斯坦药剂师委员会、巴基斯坦兽医委员会、全国顺势疗法委员会和全国忒毕医经委员会。高等教育委员会成立的认证委员会包括：国家教师教育认证委员会、国家农业教育认证委员会、国家计算机教育认证委员会、国家商业教育认证委员会和国家技术委员会。[①]

根据高等教育委员会 2005 年第九次会议，巴基斯坦对硕士和博士学位的质量进行同行评议，同时考量高等教育委员会的最低标准，以提高研究生教育质量，与国际接轨。[②]

三、国家资格框架

2015 年，巴基斯坦高等教育委员会发布《巴基斯坦国家资格框架2015》。该框架的目标包括[③]：帮助学习者就所需的资格做出明智的决定；帮助雇主评估应聘者取得的资格；帮助建立国家质量标准；为国家和国际两级的认证资格比较提供依据；提高学历的国际认可度；促进毕业生和学习者的跨国流动；促进教育体制质量改革；帮助促进企业和教育系统之间的联系。框架描述了高等教育质量的成就水平和特点，涵盖从 5 级到 8 级的学术水平（见表6-4）。

---

① MS/MPHIL & PHD PROGRAMS REVIEW［EB/OL］.［2020-02-12］.https：//hec.gov.pk/english/services/universities/QAA/Pages/MSMPhil-Programs-Review.aspx.

② Accreditation councils［EB/OL］.［2020-02-12］.https：//hec.gov.pk/english/services/universities/QAA/Pages/Accreditation-Councils.aspx.

③ Higher Education Commission.National qualification framework of Pakistan 2015［Z］.Islamabad：Higher Education Commission，2015：3-4.

表 6-4　5～8 级水平及要求 ①

水平			学位举例	要求
高等教育水平	8 级	博士	哲学博士	18 学分课程，论文由至少 2 位来自技术或学术发达国家的有博士学位的专家、1 位国内专家以及博士委员会委员评估
	7 级	硕士	文科硕士 / 哲学硕士 / 科学硕士 /MBA、教育学硕士、技术硕士	最低 30 学分，有或无论文
	6 级	学士	文科学士 / 理科学士、工程学士、考古学学士、技术学士（荣誉）、法学学士	8～10 学期 /124～140 学分
	5 级	副学士	文科副学士 / 理科副学士、技术副学士	4～6 学期 /50+ 学分

　　《巴基斯坦国家资格框架 2015》描述了 5～8 级水平的关键学习结果。每级水平的关键学习结果分为知识、技能和能力，知识包括理论和概念，技能包括认知和实践，能力包括独立工作和承担责任的能力、学习能力、沟通和社交能力以及特定领域的能力，如 7 级水平关键学习结果（见表6-5）。

---

① Higher Education Commission.National qualification framework of Pakistan 2015 ［Z］.Islamabad：Higher Education Commission，2015：6.

表 6-5　《巴基斯坦国家资格框架 2015》7 级水平关键学习结果 [①]

知识	技能	能力			
理论、概念	认知、实践	独立工作和承担责任能力	学习能力	沟通和社交能力	特定领域的能力
• 根据学士学位资格，在同一领域或不同领域发展和深化知识，达到熟练水平。 • 与该领域相关的跨学科互动知识。 • 所选领域的前沿研究知识。 • 相关研究领域的最新进展。 • 研究和汇报结果方面的认知、创造和建构能力。 • 解决社会经济问题的应用研究。	• 将该领域的理论知识应用于实践，达到熟练水平。 • 整合从不同学科收集的信息来解释该领域知识，并形成新的知识。 • 使用研究方法和工具解决该领域面临的问题。 • 分析和总结技术知识，并将其应用于解决复杂问题的关键能力。	• 独立开展需要该领域专业技能的研究。 • 承担作为团队成员的责任并制定新的战略解决方案，以解决该领域应用中遇到的突发性复杂问题。 • 在处理与该领域相关问题的过程中展示领导力。 • 运用调查方法和工具，获取影响社会经济增长的有用知识。	• 用批判性的方法评估熟练水平的知识和技能，并指导学习。 • 合乎道德地使用他人创造的知识。 • 所收集数据的准确性及其在技术报告中的使用。 • 完成并报告一个对社会产生积极影响的创新研究项目。 • 向同行和其他资深学者提交研究活动报告。	• 基于定量和定性数据，系统地使用书面、口头和视觉技术，与专业和非专业团体交流该领域最新发展和研究。 • 以批判的视角调查社会关系及其行为规范，必要时采取行动改变之。 • 熟练使用一门外语与同侪交流。 • 熟练使用信息学和通信技术技能，掌握该领域所需的软件知识。	• 综合考虑文化、科学和道德价值观，审核数据收集、解释、实施和发布各阶段，并传授这些价值观。 • 就与该领域相关的问题制定战略、政策和实施计划，并在质量过程框架内评估结果。 • 在跨学科研究中使用知识解决问题的能力。 • 熟悉和遵守专业行为准则，保持学术诚信。

　　《巴基斯坦国家资格框架 2015》对资格水平的划分和关键学习能力的描述，为巴基斯坦高等教育体系规范和教学质量提升提供了指南和参照。

[①]　Higher Education Commission.National qualification framework of Pakistan 2015［Z］.Islamabad：Higher Education Commission，2015：10.

四、国家课程修订

根据 1976 年颁布的《联邦课程教科书监督和教育标准维护法》，巴基斯坦政府委任高等教育委员会监督课程修订。课程修订工作涉及高等教育机构颁发的所有学位证书和文凭。高等教育委员会可随时选择某机构就其章程和规定向校监提出建议。

国家课程修订委员会每三年对课程进行一次修订，该委员会由公立和私立大学、研发机构、理事会、行业和民间团体相关领域的知名教授和研究人员组成。[①]为了提供符合本国国情和国际标准的优质教育，国家课程修订委员会制定了统一的框架，作为制定和修订基础科学、应用科学、社会科学、农业和工程学科课程的指南。

课程审核和修订过程分为两个阶段。[②]

第一阶段：审议课程。

第一步：国家课程修订委员会的构成。所有公立和私立大学的校长、研发组织、与审核的学科相关的学院和行业理事会，提名各自的代表，作为国家课程修订委员会的成员。

第二步：评估 / 分析当前课程。成员间分析和讨论当前课程，并提出审核和修订当前课程的共同建议，涉及（教学的）学习结果、学习计划、课程内容、权重、阅读材料、教学策略和评价方法。通过这种方式，可确保最大数量的学科专家参与。

第三步：国家课程修订委员会第一次会议——准备草案。

国家课程修订委员会的第一次会议在高等教育委员会伊斯兰堡总部或白沙瓦、拉合尔和卡拉奇的一个区域中心举行。会议通常连续举行三天，在详细讨论和审核国家课程修订委员会成员提出的建议后，提出修订后的课程草案。

第二阶段：课程草案的分发。

第一步：草案评估。

---

① Revised Curriculum［EB/OL］.［2020-09-20］.https：//hec.gov.pk/english/services/universities/Revised Curricula/Pages/default.aspx.

② Curriculum revision［EB/OL］.［2020-09-20］.https：//hec.gov.pk/english/services/universities/cr/Pages/default.aspx.

起草的初稿在本地和外籍巴基斯坦专家、院校和组织之间分发，征求他们对进一步改进草案的意见。在最后一次会议上，审议所收集的有关课程草案的意见和建议，设计和最终确定该学科的课程。

第二步：国家课程修订委员会第二次会议——草案定稿。

国家课程修订委员会召开第二次会议，根据全国高校教师和院校的意见和建议，最终确定课程修订草案。会议会再用三天时间来确定课程定稿，最终定稿的草案是该学科所有教师思考的结果，他们都直接或间接参与其中。

所设计的课程经主管部门批准后由各大学和院校采用和实施。大学资助委员会负责制定、审核和修订 12 年级以上的课程。[①]

五、师资队伍建设

师资队伍建设是巴基斯坦高等教育质量提升的重要内容和策略。巴基斯坦高等教育师资队伍建设由高等教育委员会、省级高等教育委员会和高校自身实施，包括引入终身教职制度和开展多种形式的教师培训。近年来，巴基斯坦教师数量呈稳定增长态势（见表6-6）。

表 6-6　巴基斯坦高等教育机构教师的数量（2009—2019 年）[②]

单位：人

年度	文理学院		专业学院		大学	
	合计	女校	合计	女校	合计	女校
2009—2010	39 581	16 049	14 127	3 835	19 515	5 783
2010—2011	40 206	16 605	14 911	3 857	20 922	6 453
2011—2012	40 349	17 181	14 630	4 242	22 986	7 216
2012—2013	44 315	18 637	13 249	4 256	23 542	7 686
2013—2014	44 712	18 825	16 606	5 334	31 996	10 998
2014—2015	46 431	18 983	18 337	6 008	33 222	11 420

---

① Higher Education Commission.Curriculum of economics BS［Z］.Islamabad：Higher Education Commission，2018：4.

② Pakistan Bureau of Statistics.Pakistan statistical yearbook 2019［Z］.Islamabad：Government of Pakistan，2021：128.

续表　　　　　　　　　　　　　　　　　　　　　　　　　　　单位：人

年度	文理学院		专业学院		大学	
	合计	女校	合计	女校	合计	女校
2015—2016	49 698	21 074	17 645	5 762	34 614	12 284
2016—2017	56 817	25 865	19 454	6 820	36 758	13 580
2017—2018	55 771	25 719	21 081	6 836	37 533	14 419
2018—2019	60 726	27 338	21 290	6 938	39 334	14 942

　　为促进学术自由和教育发展，巴基斯坦高等教育委员会于 2008 年引入终身教职制度。截至 2018 年，高等教育委员会批准了 2 984 名学术人员的终身教职资格，其中 85% 是科学和工程学科，15% 是社会科学、人文科学和管理科学学科。终身教职资格人员集中在少数高等教育机构中，伊斯兰堡通信卫星大学的人数最多（约占总人数的 25%）。[①]

　　全国高等教育学会为处于职业生涯不同阶段的教师和员工提供多方面的资源，如项目、研讨会、证书和学位等，涉及高等教育范围内的教学实践、研究方法、行政和领导技能、教育管理以及社会文化 / 语言特定主题和传统专业发展领域，以满足教师和院校发展需要。以教师发展项目"全国教师发展计划 2020"为例，这是一个为期 4 周的在线学习项目，目的是促进教师在教学、应用研究和专业实践三个维度上的知识、技能和态度的转变，具体活动包括：讲座、阅读训练营、写作训练营、小组项目、导师指导。还有面向高校学者和研究人员的能力建设活动，如新研发框架说明会、撰写研究资助申请书工作坊、关于研究出版物的网络研讨会等；教学能力提升活动，如激励教师成长的奖学金项目等。

　　各省负责自己的高等教育机构师资队伍建设。以旁遮普省为例，旁遮普省高等教育委员会设立教师发展学院，为省内公立高等教育机构的教师提供能力建设培训。培训目标包括：通过提供大量专业学习机会和示范高效教育实践，加强旁遮普省的教学工作；确定和培养致力于青年人全面发

① KHAN T A，CHRISTENSEN T.Challenges of implementing a performance and reward system in higher education institutions in Pakistan：perceptions of top leaders in contending regulatory bodies［J］. Public organization review，2021（21）：243-262.

展和自身专业卓越发展的高素质教师；通过着力示范课堂教学中的最佳实践，为所有大学教师提供高质量的发展机会，支持卓越发展；通过短期和长期培训计划，为学者提供与优秀同事合作的机会；推动教学创新；提高教师的卫生学知识水平和技能；提高全省的技术素养；鼓励教师和学术管理层之间的交流和互动；为在职大学教师举办工作坊、课程和其他培训；为新引进的高校教师提供指导和合作机会；帮助高校教师实现自己的职业目标；为约 100 名大学教师安排短期国际培训。

旁遮普省也为新入职教师提供培训，具体目标包括①：为教师讲授现代教学方法和策略；使教师了解自己在高等教育中的角色和责任，并传授基本的专业技能和态度；让教师了解大学的结构、功能和管理模式，并引导教师成为大学建设的潜在合作伙伴；提高教师评估和评价不同学生群体的技能；提高教师的沟通和表达技能，培养教师在课堂上的自信；提供 24 小时有益的学习环境，促进人群交流与社会互动；促进共同学术活动；组织体育活动，为教师提供运动的平台；组织多种体育活动和比赛，提供与同事接触和交流的机会。

另外，为保护学生获得优质教育的权利，高等教育委员会发布了新的《本科教育政策 2020》和《博士政策》，为教育质量发展提供政策依据和行动指南。

六、《高等教育委员会 2025 愿景》

经过 20 世纪的缓慢发展，到 21 世纪，在高等教育委员会的带领下，巴基斯坦高等教育机构的数量、入学人数显著增加，教育公平等方面得到显著提升。2002—2017 年，大学数量从 59 所增至 183 所，入学人数从 27.6 万提高到 130 万，女性入学比例也从 36.8% 上升至 47.2%。②巴基斯坦高等教育发展已经进入快车道。

基于以上情况，为支持巴基斯坦高等教育的进一步发展，巴基斯坦高

---

① Induction training of college teachers［EB/OL］.［2021-06-03］.http：//punjabhec.gov.pk/induction-training-of-college-teachers/.

② 史雪冰，张欣.中国高校在巴基斯坦高等教育 2025 愿景中的机遇与作为［J］.比较教育研究，2019（4）：28-36.

等教育委员会于 2017 年出台《高等教育委员会 2025 愿景》。《高等教育委员会 2025 愿景》确立了巴基斯坦高等教育发展的八项战略重点 ①：第一，保持和巩固全国高等教育委员会的引领地位。令其规划、调控和改革基于标准的高等教育，创建知识经济，使巴基斯坦教育能够达到中等偏上收入国家水平。第二，增加平等的机会。为大量 17 ～ 23 岁有受高等教育资格的青年提供更多性别均衡、回应地区需求、多样化和高质量的高等教育机会，使之能够有效地参与建设一个公平、公正、道德、明智和自主的社会。第三，提升领导、治理和管理水平。高等教育体系改革需要具有远见卓识的领导、战略性的规划者和卓越的管理者共同协作，需要显著提升高等教育机构内部和外部治理体系的成效。第四，增加高学历教师的数量。增加高校中高学历教师的数量，提高教学和研究质量，储备自主解决问题型的学者。第五，提升课程质量。逐步用 4 年制学士学位替换 1 年和 2 年制学士学位，实施国家资格框架，重视见习和实习项目，加强质量保障等。第六，研究、创新和商业化。高等教育委员会规划高等教育机构成为新知识的主要来源，第一层级的研究型大学成为研究、创新和商业化场所。第七，加强资金管理和投入。寻求世界银行等重要国际组织的援助，增加大学的经费渠道和投入。第八，融合信息技术。确保高等教育受益于信息技术，通过提供最新的信息技术提高高等教育部门的产出、成效和成本效益。

　　基于以上重点，我们可以看出《高等教育委员会 2025 愿景》为巴基斯坦高等教育发展提供了方向、指标和行动策略，是巴基斯坦高等教育发展的路线图。

---

① 　Universities UK international.Pakistan higher education commission vision 2025［Z］.Islamabad：Government of Pakistan，2017.

第七章 巴基斯坦职业技术教育

鉴于巴基斯坦正处于青年人口快速增长时期，在未来的 30 年中，30 岁以下人口预计占全国总人口的 2/3，因此，职业技术教育被认为是解决失业问题和培养能推动经济发展的劳动力的最关键的教育领域。巴基斯坦的职业技术教育包括技术教育和职业教育，分别对应中学后教育水平、中学教育及以下水平，总体目标是培养半熟练、熟练和高技能的职业人才。

　　巴基斯坦职业技术教育分为正规职业技术教育、非正规职业技术教育和非正式职业技术教育三种形式，因而有多种类型的机构组织参与职业技术教育的实施。依据《国家职业资格框架》，巴基斯坦推行能力本位培训课程，开发了 49 门职业技术教育国家课程，倡导采取职场培训方法，推动职业技术教育的实施。能力本位培训课程注重以学生为中心、结构和教学时间灵活、以行业标准为基础、认可先前学习；职场培训方法将能力本位培训课程与职场相结合，有意识地将理论与实践相结合，并认可做和知道的显性和隐性形式的交叉。

　　总体上，巴基斯坦职业技术教育在管理、制度和规模建设方面取得了显著的成绩，为巴基斯坦社会技能发展，从而实现社会发展目标提供了重要支撑。未来巴基斯坦职业技术教育发展需要着力完善职业技术教育数字化框架，促进雇主主导培训体系的建立，完善技能认可、评估和验证机制。

第一节　培养目标与实施机构

巴基斯坦职业技术教育由联邦和省级政府共同管理，有正规、非正规、非正式三种形式的职业技术教育，多种机构参与其中。

一、培养目标

巴基斯坦的职业技术教育分为技术教育和职业教育。技术教育对应中学后教育水平，职业教育对应中学教育及以下水平。在高等教育阶段，有工程教育等课程。在职业教育阶段，G-I、G-II 和 G-III 项目（G-I 级别最高）是职业培训中心提供的长期培训项目，最短持续时间为一年。商科教育也被视为职业教育的一部分。短期培训项目从三个月到六个月不等。职业教育与初中和高中教育相关，培养半熟练、熟练和高技能的职业人才。

二、实施机构

巴基斯坦职业技术教育由联邦管理机构和省级管理机构共同管理，教育管理部门和教育机构具体如下。

（一）管理部门

联邦教育与专业培训部在职业技术教育政策制定中发挥主导作用，隶属于联邦教育与专业培训部的国家职业技术培训委员会（National Vocational and Technical Training Commission，NAVTTC）负责监管、推进和提供政策指导，制定国家职业技能标准，开发课程，管理《国家职业资格框架》，进行劳动力市场信息分析，培训培训师，促进公私合作，确定职业技术教育机构的制度标准。总体上，国家职业技术培训委员会具有如下职能：制定国家政策、战略和规章；制定《国家职业资格框架》；设计和实施技能培训项目，减少供需差距；负责认证、证书发放、技能标准和课程制订；建立业绩评估系统；通过公私合作发展职业教育；建立劳动力市场信息系统。

自成立以来，国家职业技术培训委员会对巴基斯坦职业技术教育部门的改革采取了多项措施。它与包括工业家、商会、雇主、学术界、决策者和国际发展伙伴在内的所有利益攸关方协商，制定了"国家技能战略"。"国家技能战略"中的一些建议已付诸行动，其中包括制定《国家职业资格框架》，国家教师资格制度、行为准则、认证制度，职业技术教育的人力资源开发政策、技能标准和优先领域的课程等。

由图7-1可知，在省一级，所有四个省都设立了技术教育与职业培训局，它们管理各自省一级的职业技术教育机构，还参与为新确定的行业开发培训内容和课程，并更新现有的内容和课程，在规划、协调和实施职业技术教育方面发挥着关键作用。它们由独立的委员会管理，其会员代表公共和私营部门。省级政策规划遵循NAVTTC制定的政策指南，《国家职业资格框架》为培训设计内容的总体框架。[①]

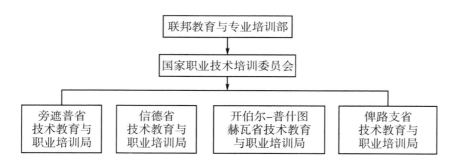

图 7-1　巴基斯坦职业技术教育组织结构

在省一级，技术教育与职业培训局和技能发展理事会（Skill Development Councils，SDC）等机构负责规划和执行培训计划，以及执行课程修订 / 开发和培训教员等任务。此外，省级人力培训局以及其他机构在公共部门开

---

① International Labour Organization.Pakistan country profile：towards improved skills and lifelong learning［EB/OL］.［2021-12-16］.https：//iloskillskspstorage.blob.core.windows.net/development/resources/4928/Pakistan%20country%20skills%20profile%20-Feb2021.pdf.

展各自的职业培训项目。国家职业技术培训委员会和相关的行业测试委员会负责各自的考试和技能培训证书的颁发。

职业技术教育项目的设计和实施，以及综合技能发展体系的建立都涉及国家和省级层面。国家负责审查和评估标准、质量保证，各省负责职业教育体系的实施和管理。

（二）教育机构

巴基斯坦职业技术教育分为正规职业技术教育、非正规职业技术教育和非正式职业技术教育三种形式，分别由多个机构实施。

1. 正规职业技术教育

正规职业技术教育包括中学前和中学后两种。前者通过引入"农业技术学习计划"，在普通学校中开设职业课程。普通学校从 5 年级开始，直到 10 年级均开设职业课程。中学后职业技术教育项目，在理工大学和技术学院进行，项目侧重于教授在工厂、公司和组织中担任技术人员所需的理论知识和实践技能。表 7-1 为 2009—2019 年巴基斯坦中等职业院校数量。

表 7-1　巴基斯坦中等职业院校数量（2009—2019 年）[①]

单位：所

年度	院校种类			
	商业	工业／职业	理工／技术	其他
2009—2010	187	282	125	153
2010—2011	186	284	134	153
2011—2012	188	289	136	158
2012—2013	188	346	135	159
2013—2014	191	351	136	146
2014—2015	193	366	136	163
2015—2016	193	318	173	165
2016—2017	196	322	222	165
2017—2018	196	326	185	147
2018—2019	203	541	170	100

---

① Pakistan Bureau of Statistics.Pakistan statistical yearbook 2019［Z］.Islamabad：Government of Pakistan，2021：131.

职业学院为中学后职业技术教育实施机构的统称，从 2009 年至 2019 年，数量大体呈增长趋势，女校数量均比较小（见表 7-2）。

表 7-2　巴基斯坦职业学院数量（2009—2019 年）[①]

单位：所

年度	农业	工程	医学		商业		法律	家庭经济学	教育		其他	
	总计	总计	总计	女校	总计	女校	总计	女校	总计	女校	总计	女校
2009—2010	4	2	38	3	164	10	62	4	27	2	211	6
2010—2011	4	3	35	2	241	22	62	4	40	3	209	8
2011—2012	4	2	41	2	215	16	47	4	43	2	193	4
2012—2013	4	2	44	2	242	15	42	4	39	3	157	4
2013—2014	4	2	50	2	254	18	49	4	74	18	179	4
2014—2015	4	2	51	3	303	21	59	4	92	16	199	10
2015—2016	4	2	52	3	313	34	58	4	92	18	192	9
2016—2017	4	2	64	3	291	30	70	4	78	17	199	6
2017—2018	4	3	65	3	272	39	85	4	81	25	208	11
2018—2019	4	3	68	4	238	28	83	5	70	18	197	7

2. 非正规职业技术教育

非正规职业技术教育主要由公共部门自主组织，涵盖职业学校、技术培训中心、农业和职业培训中心等。

3. 非正式职业技术教育

非正式职业技术教育是巴基斯坦的传统教育体系，任何人，包括已毕业的学生，或缺乏职业技能的人，都可以在技工 / 商店老板 / 小型家庭手工业主的监督下接受培训。巴基斯坦劳动力的很大一部分受雇于非正规经济，其中，女性劳动力的占比不断上升。

以上所有这些培训路径与正规机构、非正规和非正式机构提供的大部

---

① Pakistan Bureau of Statistics.Pakistan statistical yearbook 2019［Z］.Islamabad：Government of Pakistan，2021：133.

分培训并存。[①] 当前巴基斯坦各省和地区职业技术教育机构的数量如表 7-3。

表 7-3　巴基斯坦各省和地区职业技术教育机构数量（2017 年）[②]

单位：所

省 / 地区	公立	私立	总和
旁遮普省	620	1197	1817
信德省	307	278	585
开伯尔-普什图赫瓦省	70	529	599
俾路支省	36	89	125
伊斯兰堡首都特区	37	66	103

如表 7-3 所示，当前巴基斯坦职业技术教育机构大部分由私营部门运营。除了提供服务，私营部门还发挥了战略作用，在酒店、可再生能源和建筑行业设立了三个行业技能委员会，作为确保私营部门更多地参与公共资助培训设计和实施的机制，以期提高培训的质量，扩大培训规模。国家职业技术培训委员会和巴基斯坦工商联合会启动了国家技能论坛，作为促进行业和公共部门之间在职业技术教育方面建立战略伙伴关系的平台。[③]

巴基斯坦的职业技术教育政策要求私营部门更多地参与决策和实施，促进职业教育与劳动力市场的需求相匹配。该政策强调，公司需要在战略制定、治理和管理、标准制定和培训计划实施方面发挥关键作用。因此，职业教育政策建议制定一个包容性框架，以确保公司的积极参与，为所有利益相关者创造利益，同时最大限度地减少行政障碍。[④]

① PAULO M，SCHLEBER E.Linking training in institutes with the workplace ［M］.Bonn：Deutsche gesellschaft für internationale zusammenarbeit（GIZ）GmbH，2018：7.

② CHAMADIA S，SHAHID M.Skilling for the future：evaluating post-reform status of "skilling Pakistan" and identifying success factors for TVET improvement in the region ［J］.Journal of technical education and training，2018，10（1）：1-14.

③ International Labour Organization.Pakistan country profile：towards improved skills and lifelong learning ［EB/OL］.［2021-12-16］.https：//iloskillskspstorage.blob.core.windows.net/development/resources/4928/Pakistan%20country%20skills%20profile%20-Feb2021.pdf.

④ PAULO M，SCHLEBER E.Linking training in institutes with the workplace ［M］.Bonn：Deutsche gesellschaft für internationale zusammenarbeit（GIZ）GmbH，2018：7.

第二节 课程与教学

依据《国家职业资格框架》，巴基斯坦开发和推行能力本位培训（Capability-based Training，CBT）课程，倡导采取职场培训方法（Workplace-based Training Approach，WBT），推动职业技术教育的实施。

一、CBT 国家课程

巴基斯坦政府越来越认识到，改善职业技术教育体系需要转变传统的职业技术教育的方法。近年来，NAVTTC 率先设计 CBT 课程，在行业领先实践者的积极参与下，为各行业制定职业能力标准。CBT 课程使培训内容更符合市场需求，是质量改进方面的一个重要里程碑。[1] 迄今，巴基斯坦全国各地的职业技术教育机构为不同级别的国家职业资格推出了 150 多种职业培训课程。自 2016 年首次试点扩大 CBT 以来，省级技术教育与职业培训局已采取各种措施加强各自机构 CBT 课程的实施。[2]

CBT 课程的要素[3]：

（1）模块。课程中的模块是在资格认证发展过程中最终确定的每个能力标准的基础上形成的。还有一种模块是两个或两个以上类似的能力标准合并在一起形成的。在培训期间，按照每个模块的描述以及建议的交付时间框架对模块进行适当排序。

（2）学习单元。每个模块被划分并描述为"学习单元"，其构成教学资料中的章节。学习单元被进一步细化为学习结果和学习要素。

（3）学习结果。学习结果是一个以行动为导向的动词，它明确地描述了学习者应该获得什么和在职场能够做／应用什么。学习结果以能力标准

---

[1] International Labour Organization.Pakistan country profile：towards improved skills and lifelong learning［EB/OL］.［2021-12-16］.https：//iloskillskspstorage.blob.core.windows.net/development/resources/4928/Pakistan%20country%20skills%20profile%20-Feb2021.pdf.

[2] International Labour Organization.Pakistan country profile：towards improved skills and lifelong learning［EB/OL］.［2021-12-16］.https：//iloskillskspstorage.blob.core.windows.net/development/resources/4928/Pakistan%20country%20skills%20profile%20-Feb2021.pdf.

[3] National Vocational and Technical Training Commission.Manual on curriculum development for NVQF qualifications［Z］.Islamabad：Ministry of Federal Education and Professional Training，2015：4.

文件中每个能力标准下规定的"成绩标准"为依据，描述获得资格所需的基本技能、知识和态度，将学习结果列在学生指南各章开头，在活动和任务支持的内容中进行解释。

（4）学习要素。学习要素以每个能力标准中规定的"知识与理解"为依据，包括展示学习成果所需的知识、技能和态度。

（5）工具、设备和消耗品清单。制定培训期间所需的工具、设备和消耗品清单。

巴基斯坦职业技术教育传统课程与 CBT 课程的区别如表 7-4 所示。

表 7-4　巴基斯坦职业技术教育传统课程与 CBT 课程的区别[①]

传统课程	CBT 课程
基于输入	基于输出
教师中心	学生中心
结构和时间分配僵化	结构和教学时间灵活
没有以行业标准为基础	以行业标准为基础
常模参照	标准参照，认可先前学习

当前的职业技术教育国家课程包括[②]：辣椒加工、辣椒生产、柑橘加工、柑橘生产、棉花加工、棉花采摘、主厨、厨师、餐厅领班、副主厨、服务员、电子商务、工程制图、客务中心服务员、计算机操作员、动画、平面设计印刷、IT 办公室助理、网页设计、汽车修理工、焊接工、建筑电工、沼气厂、固定半球技术主管、浮鼓技术主管、浮鼓技术员、固定半球技术员、电气和电子装配工、电气设备安装和维修工、多媒体家庭服务平台、水暖工、建筑制图、总电工、针织机织工、图案绘制与分级、服装设计、汽车电工、美容疗法、电脑辅助设计及制作、陶艺、美术、发型设计、机械师、皮肤护理、服装制作、家用电器技术员、暖通空调等。

---

① 　National Vocational and Technical Training Commission.Manual on curriculum development for NVQF qualifications［Z］.Islamabad：Ministry of Federal Education and Professional Training，2015：3.

② 　National Curricula［EB/OL］.［2021-10-21］.https：//tvetreform.org.pk/national-curricula/.

二、WBT

WBT 在正式培训阶段将能力本位培训课程与职场相结合，有意识地将理论与实践相结合，并认可做和知道的显性和隐性形式的交叉。

CBT 的引入促进了职业教育体系的灵活性，允许学习途径的个性化和多样化。通过这种方式，可以灵活地设计课程和提供培训途径，以满足公司的要求。灵活性应首先强调对培训中职场重要性的认识。将职场纳入基于机构的培训能够补充和完善培训结果，而非正规的基于公司的培训能够通过采用结构化培训的 CBT 课程而成为正规培训，该课程通常在培训机构中实施。通过这种方式，WBT 培养职业意识，并帮助学员获得能力，如以实践为主导的技能，以及积极的工作态度，为学员提供现实的工作经验，使他们能够应用理论和技术技能，提高就业能力。[①]

WBT 需要积极的政策和方法来确保培训满足工作场所的需要。比较理想的情况是，70% 的培训以实践为导向，尽可能在职场进行。这种培训方法的核心是课程。WBT 将能力标准转化为学习结果，并指定在何处实施不同的学习模块。对此，WBT 选择培训机构或公司作为学习场所，并将机构培训和基于职场的培训相互联系起来。此外，WBT 将特定行业以及一般科目（如沟通、计算机素养、英语和生活技能）界定为培训机构课程的主题。WBT 面向两类学员群体：参加机构培训的学员，在职场接受非正规或非正式培训的学员。[②]

第三节　保障体系

巴基斯坦职业技术教育的保障体系包括教育政策法规、教育经费投入、职业资格框架、能力本位培训与评价（Competency-based Training and Assessment，CBTA）系统、师资队伍建设等。

---

① PAULO M，SCHLEBER E.Linking training in institutes with the workplace［M］.Bonn：Deutsche gesellschaft für internationale zusammenarbeit（GIZ）GmbH，2018：9-10.

② PAULO M，SCHLEBER E.Linking training in institutes with the workplace［M］.Bonn：Deutsche gesellschaft für internationale zusammenarbeit（GIZ）GmbH，2018：9-10.

一、教育政策法规

联邦政府负责制定职业技术教育的政策和标准，各省负责实施。为了应对新的技能发展需求，联邦政府制定了《国家技能战略 2009—2013》，旨在为公立和私立机构提供政策指导、支持和有利环境，以实施技能发展培训，促进社会发展。之后，联邦教育与专业培训部于 2015 年制定了《增长和发展技能：巴基斯坦职业教育政策》，2018 年制定了《全民技能国家战略》。相关的省级战略和政策包括《旁遮普省增长战略 2018》、《旁遮普省技能发展部门计划 2018》、《开伯尔–普什图赫瓦省技能发展计划2012》和《信德省技能发展计划 2012》。

《增长和发展技能：巴基斯坦职业教育政策》是第一份国家性的职业教育政策文件，政策目标包括[①]：（1）确保国家承诺技能发展对于实现持续经济增长的重要性，提高生产力，并为人们提供为经济发展做出贡献的机会，特别是关注社会弱势青年群体的就业；（2）增加培训的数量和提高培训的质量，每年至少培训 100 万人，由公共部门、私营部门和发展伙伴共同参与；（3）引入基于国家标准的资格认证、评估体系；（4）设计和提供以能力为基础的教育和培训方案，侧重求职所需的技能；（5）在公共和私营部门之间建立新的伙伴关系，鼓励雇主提供直接培训，并为公立职业技术教育改革做出贡献；（6）通过鼓励人们获得国际认可的资格，保持和扩大劳动力出口；（7）鼓励与非正规经济部门建立联系，为人们提供通过非正规教育方式获得正规技能资格的机会；（8）继续改革和振兴公立职业技术教育部门。政策的实施策略包括：建立一个国家资格评级和认证体系；与私营部门合作进行技能发展；考察高中技术学校的可行性；建立职业技术教育的管理结构；建立资助和财务体制。该政策为资格的设计、质量保证、评估和认证提供了一个国家框架，促使联邦和省级政府及其机构共同努力，培养 21 世纪的人才。

---

① Ministry of Federal Education and Professional Training.Skills for growth and development：a technical and vocational education and training（TVET）policy for Pakistan［Z］.Islamabad：Ministry of Federal Education and Professional Training，2015：20-25.

二、教育经费投入

巴基斯坦职业技术教育经费来源主要有国家投入、省级投入和国外援助三个渠道。当前，为促进青年技能发展，联邦政府加大对职业技术教育的投入。[①] 表 7-5 为 2016—2019 年巴基斯坦职业技术教育预算支出情况。

表 7-5　巴基斯坦职业技术教育预算支出（2016—2019 年）[②]

联邦 / 省	2016—2017 年		2017—2018 年		2018—2019 年	
	预算支出 /十亿卢比	占教育总预算的百分比 /%	预算支出 /十亿卢比	占教育总预算的百分比 /%	预算支出 /十亿卢比	占教育总预算的百分比 /%
联邦政府	2.493	2.00	3.482	3.00	2.376	2.00
旁遮普省	7.897	2.08	6.755	1.89	6.455	1.69
信德省	5.970	3.16	6.131	3.00	5.960	2.90
开伯尔-普什图赫瓦省	2.847	2.13	2.954	1.90	2.677	1.59
俾路支省	0.606	1.23	0.618	1.15	0.634	1.00

信德省、旁遮普省和开伯尔-普什图赫瓦省的技术教育与职业培训局通过援助方和发展伙伴获得技术和资金援助。巴基斯坦近几年正在进行的主要大型援助项目见表 7-6。

表 7-6　巴基斯坦当前主要国际职业技术教育援助项目[③]

项目	发展合作方	时段	范围
职业技术教育部门支持计划	欧盟、德国、挪威	2017—2022 年	全国
旁遮普省技能发展基金	英国国际发展部	2011—2021 年	旁遮普省

---

① Economic Adviser's Wing，Finance Division.Pakistan economic survey 2020-21［R］.Islamabad：Economic Adviser's Wing，Finance Division，2021：iii.

② Academy of Education Planning and Management.Public financing in education sector 2018-19［M］.Islamabad：Academy of Educational Planning and Management，2019：11，17-23.

③ International Labour Organization.Pakistan country profile：towards improved skills and lifelong learning［EB/OL］.［2021-12-16］.https://iloskillskspstorage.blob.core.windows.net/development/resources/4928/Pakistan%20country%20skills%20profile%20-Feb2021.pdf.

续表

项目	发展合作方	时段	范围
旁遮普省技能发展项目	世界银行	2016—2020 年	旁遮普省
旁遮普省青年劳动力发展	美国国际发展局	2016—2019 年	旁遮普省
旁遮普省技能发展	日本国际协力机构	2016—2019 年	旁遮普省

"中巴经济走廊"下的投资预计约为 507 亿美元，这项投资会推动大规模的经济活动，从而创造就业机会。此外，从白沙瓦到卡拉奇的 ML-1 铁路升级和双向化项目有可能创造 17 万多个直接就业机会。"中巴经济走廊"下的就业机会将在一段时间内进一步增加。[①]

三、职业资格框架

之前，巴基斯坦职业技术教育课程无法充分满足劳动力市场的需求。为了改善这种情况，2009 年，巴基斯坦与欧盟以及荷兰、挪威、德国政府合作并得到资助，制定《国家职业资格框架》，目的是创建一个基于能力的、全国范围内标准化的职业教育资格认证系统，并使该系统与国际标准保持一致。2015 年，巴基斯坦《国家职业资格框架》首次发布，2017 年修订。

巴基斯坦国家职业资格结构包含 8 个水平等级。水平 1～4 的国家职业证书和水平 5 的文凭由质量保障局评估和认证，水平 6～8 的学位由高等教育委员会认可的大学评估和授予。图 7-2 展示了巴基斯坦国家职业资格的结构。

---

① Economic Adviser's Wing，Finance Division.Pakistan economic survey 2020-21［R］.Islamabad：Economic Adviser's Wing，Finance Division，2021：242.

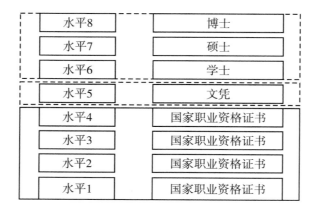

图 7-2   巴基斯坦国家职业资格结构 [1]

《国家职业资格框架》规定了获得国家职业资格证书需要的各种能力，包括一般能力、功能性能力和技术能力。水平 1 ～ 4 的目标是，将学生从半熟练者培养为具备工作或学习领域必要知识的专业人士。水平 5 的目标是培养学生成为具备工作或学习领域高级理论知识的专家，具备完成任务所需的心理素质、技术和实践技能，在全权负责的情况下进行规划和发展。表 7-7 呈现了巴基斯坦职业技术教育项目水平和学分要求。

表 7-7   巴基斯坦职业技术教育项目水平和学分要求 [2]

教育阶段	水平	学段	学分要求
高等教育	8	博士	18 学分课程，论文
	7	硕士	最低 30 学分，有 / 无论文
	6	学士	8 ～ 10 学期 /124 ～ 140 学分
	5	副学士	4 ～ 6 学期 /50+ 学分
高中教育	4	高中	—
初中教育	3	初中	—

① National Vocational and Technical Training Commission. National vocational qualification framework（NVQF）：to deliver a skilled and qualified workforce in Pakistan（version 2）［Z］.Islamabad：Ministry of Federal Education and Professional Training，2017：2.

② Higher Education Commission.National qualifications framework of Pakistan 2015［Z］.Islambad：Higher Education Commission，2015：6.

续表

教育阶段	水平	学段	学分要求
初等教育	2	中间学校（3 年）	—
	1	小学（1 ～ 5 年级） 学前（1 ～ 2 年）	—

　　资格框架的每个水平描述包含知识与理解、技能和责任三个方面，表 7-8 为《国家职业资格框架》对能力水平 1 ～ 5 的描述。

表 7-8　巴基斯坦《国家职业资格框架》能力水平描述 [1]

水平	描述			资格类型
	知识与理解	技能	责任	
1	具有安全程序的工作或学习领域的基本知识。	执行单流程任务与使用简单规则和工具解决常规问题所需的有限实用技能。	在有限自主权的直接监督下工作或学习。	国家职业资格证书1 级
2	工作或学习领域的现成事实、过程和一般理论的基本知识。	通过选择和应用基本方法、工具、材料和信息来完成任务和解决问题所需的基本实践技能。	在有一定自主权的间接监督下，负责工作或学习中的任务排序和完成，并在解决问题时调整自己的能力。	国家职业资格证书2 级
3	广泛的理论知识和对工作或研究领域内相关背景下可用信息的解释。	计划和完成多阶段的任务所需的良好心理和实践技能，在工作与学习的特定领域内产生最佳的解决方案。	计划和管理自己的工作和／或监督他人的日常工作，对工作或学习活动的评估和改进承担一定的责任。	国家职业资格证书3 级
4	在工作或学习领域内的综合理论知识，以及对该知识边界的认识。	完成复杂任务和开发抽象问题的创造性解决方案所需的综合心理、技术和实践技能。	在工作或研究活动中，在明确界定的界限内发生不可预测的变化的情况下，行使管理和监督的全部责任，提供自我和他人的绩效评估与发展数据。	国家职业资格证书4 级

---

① National Vocational and Technical Training Commission.National vocational qualification Framework（NVQF）：to deliver a skilled and qualified workforce in Pakistan（version 2）［Z］.Islamabad：Ministry of Federal Education and Professional Training，2017：20.

续表

水平	描述			资格类型
	知识与理解	技能	责任	
5	工作或学习领域内的先进理论知识，以及对该知识的界限的认识。	在高级工作或研究领域完成可变复杂任务和开发抽象与复杂问题的创新解决方案所需的心理、技术和实践技能。	以完全问责的方式规划和制定行动方针；在有不可预测变化的工作或学习活动中行使管理和监督责任，进行自己与他人的绩效评估与发展工作。	副工程师

　　《国家职业资格框架》认定三种职业技术教育的学习途径。进入先前学习认定系统的候选人，其技能将根据国家能力标准得到评估，如果他们被认定为"合格"，则可以获得完全资格；如果他们被宣布在某些个人能力方面合格，则可以获得"成绩档案"。有关部门通过演示、模拟、陈述、作业、项目和创作等多种形式，评估候选人的能力（技能、知识和态度）是否符合既定的行业标准。图7-3显示了个人获得国家职业资格的不同途径。

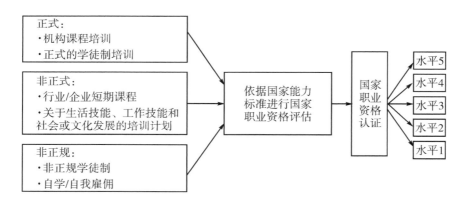

图7-3　巴基斯坦国家职业资格获取路径 [①]

　　《国家职业资格框架》旨在促进基于能力和需求驱动的培训，以确保职业技术教育技能培训的质量。框架规定了取得资格的可能途径，包括信

① National Vocational and Technical Training Commission.National vocational qualification framework （NVQF）: to deliver a skilled and qualified workforce in Pakistan（version 2）［Z］.Islamabad: Ministry of Federal Education and Professional Training，2017: 7.

用积累、同等资格和资格的转换，促进学习者在职业技术教育系统中的水平和垂直发展，为在国家和国际层面提高资格的质量提供了基础。①

四、CBTA 系统

巴基斯坦培训机构越来越多地采用 CBTA 系统。与传统的教育和培训方法不同，该系统不限制学员的学习时间，着重强调学员在完成培训后在职场能够做什么，即关键是让学员获得职业所需的能力。②

CBTA 以职业能力标准为基础。每种职业资格的能力标准为 CBTA 的培训内容提供了基础，并为课程开发和评价方案提供指导。这样，培训内容和评价与行业设定的每个职业岗位的需求相联系，课程设计、课程设置和评价准则均源自这些标准。因此，CBTA 确保培训内容反映劳动力市场的需求，支持学员获得劳动力市场所需的能力，提高学员就业能力。③

评价方案反映了从事该职业所需的能力标准。能力标准是评价的基础，反映了各职业岗位的任务和责任。评价方案界定了收集学员表现证据的练习、方法和文件。在这方面，评价方案帮助评价人确定候选人在职业相关技能方面是否"胜任"。代表培训机构和公司的认证评价人共同评估学员的能力。毕业生将获得国家认证和在职场提供培训的公司出具的推荐信。④

五、师资队伍建设

合格的教师是为有效的职业技术教育系统奠定坚实基础的先决条件之一。在巴基斯坦职业技术教育改革项目"职业技术教育部门支持计划"的支持下，巴基斯坦通过建立培训中心、创新职前教育和在职培训，加强职

---

① National Vocational and Technical Training Commission. National vocational qualification framework（NVQF）：to deliver a skilled and qualified workforce in Pakistan（version 2）［Z］.Islamabad：Ministry of Federal Education and Professional Training，2017.

② PAULO M，SCHLEBER E.Linking training in institutes with the workplace［M］.Bonn：Deutsche gesellschaft für internationale zusammenarbeit（GIZ）GmbH，2018：9.

③ PAULO M，SCHLEBER E.Linking training in institutes with the workplace［M］.Bonn：Deutsche gesellschaft für internationale zusammenarbeit（GIZ）GmbH，2018：9.

④ PAULO M，SCHLEBER E.Linking training in institutes with the workplace［M］.Bonn：Deutsche gesellschaft für internationale zusammenarbeit（GIZ）GmbH，2018：9.

业技术教育的师资力量。

为整合职业技术教育教师的在职和职前培训，开发可持续的职业技术教育教师培养方法，巴基斯坦计划将原有的5所教师培训机构升级，为每个省建立1个示范中心，以为职业技术教育系统中的管理者、教师、讲师和评估员提供一种功能性和可持续的高质量培训模式。①

巴基斯坦计划引入本科后学位——技术教育学士学位，培养机械工程/技术、电气工程/技术、IT和计算机科学专业的教师。此学位的入学要求是具有其中一门学科的学位，入学后学生进行为期一年的能力本位的综合性学习。该学习项目的主要特点：（1）引入现代概念和教学方法，学生将学习相关的教学理念、教学方法和评价方法。（2）在公司实习。学生将在公司实习至少6周，了解其专业的工作环境，获得关于工作领域的第一手信息。（3）在培训机构实习。实践培训使学生能够实践和测试所学到的知识，在职业技术教育培训机构的实践教学经验是学习项目的组成部分。（4）有引导的自主学习阶段。创建虚拟学习环境，使未来的职业技术教育教师能够从互联网上收集信息，并使用不同的网络应用程序进行交流。②

巴基斯坦计划开发一项职业技术教育教师在职培训项目。该项目基于辅助性的IT学习和教学所需的教育理论和实用工具，为期4周，包括2周的自学，需要学员完成提交教学计划等特定任务。项目在全国各地设立了19个电子学习中心，现在电子学习中心仍与省技术教育与职业培训局协作运行。③

巴基斯坦与国际劳工组织合作改进职业技术教育系统。此外，巴基斯坦工人联合会在国际劳工组织的技术支持下实施了有效的职业培训方案。④

---

① Teacher training and centers of excellence［EB/OL］.［2021-11-09］.https：//tvetreform.org.pk/teacher-training-centers-of-excellence/.

② Pre-service study programme for TVET teachers［EB/OL］.［2021-11-09］.https：//tvetreform.org.pk/pre-service-study-programme-for-tvet-teachers/.

③ In-service training［EB/OL］.［2021-11-09］.https：//tvetreform.org.pk/in-service-training/.

④ International Labour Organization.Pakistan country profile：towards improved skills and lifelong learning［EB/OL］.［2021-12-16］.https：//iloskillskspstorage.blob.core.windows.net/development/resources/4928/Pakistan%20country%20skills%20profile%20-Feb2021.pdf.

第八章
巴基斯坦
教师教育

1947 年,穆罕默德·阿里·真纳在第一次教育大会致辞中指出,"我们应该加倍努力,使教师教育更加丰富。这将加强教育体系,从而提高巴基斯坦在国际社会中的地位和荣誉"。这一理念为巴基斯坦教师教育确定了基调。

本章的教师教育是指传统的职前教师教育,其目标是培养合格、称职、敬业、有质量意识的教师、教育管理者、教育领导者和教师教育者。当前,巴基斯坦教师教育有 27 个学位项目,包括副学士学位、学士学位、硕士学位和博士学位项目。巴基斯坦教师教育是在高等教育委员会指导下,由各省教育相关部门管理和推进。教师教育的主要机构包括大学、师范学院、省级教师教育学院和私立教师教育机构等。

巴基斯坦公立学校仍面临着辍学率高和学习水平低等问题的困扰,解决这些问题的关键是配备足够数量的高水平教师。因此,加强教师教育依然是教育改革和发展的关键。

第一节　培养目标与实施机构

巴基斯坦教师教育致力于培养合格、称职、敬业、有质量意识的教师、教育管理者、教育领导者和教师教育者，在高等教育委员会指导下，由各省教育相关部门管理和推进，主要教育机构包括大学、教师教育学院和私立教师教育机构等。

一、培养目标

巴基斯坦教师教育旨在培养合格、称职、敬业、有质量意识的教师、教育管理者、教育领导者和教师教育者，使他们能够培养学生在持续发展的社会中所需要的认知技能和个性，同时也关注和回应教育的社会背景，致力于面向残疾、社会经济地位不利儿童的全纳教育。[①]

二、实施机构

巴基斯坦教师教育在高等教育委员会指导下，由各省教育相关部门管理和推进，主要教育机构包括大学、教师教育学院、私立教师教育机构等。

（一）教育管理部门

高等教育委员会负责监管和协调教师教育。为确保教师教育项目的质量，高等教育委员会于2006年成立了全国教师教育认证委员会。

教师教育由各省负责管理。各省已成立单独机构，管理各自省内的职前和在职教师教育。在旁遮普省，教师发展局是负责在职教师教育的主要部门，而职前教师教育则由省级教师教育学院提供。在信德省，教师教育发展局在所有教师教育和培训计划中发挥总体标准制定、监管和监督作用，

① Ministry of Federal Education and Professional Training. National education policy 2017 ［Z］. Islamabad：Ministry of Federal Education and Professional Training，2017：63.

所有师资培训均由省级教师教育学院组织，并由地区一级的相关教育学院（教师培训学院）负责。在开伯尔-普什图赫瓦省，教师培训的总体管理由课程与教师教育局负责；在俾路支省，则由课程与推广服务局负责。

巴基斯坦教师教育组织结构如图 8-1 所示：

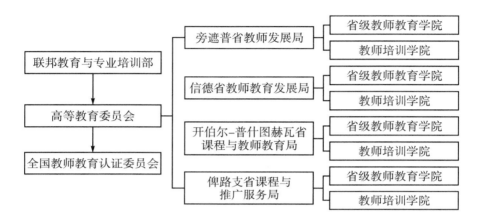

图 8-1 巴基斯坦教师教育组织结构

（二）教育机构

巴基斯坦职前教师教育机构主要包括大学、教师教育学院，以及私立教师教育机构等。

1. 大学

所有公立和私立大学都培养教育学学士和硕士，以及教育哲学硕士和教育学博士。[①] 在巴基斯坦，大学管理自己的项目，所有教师教育项目都在相关高等教育委员会的授权下以大学为基础实施。大学中的教师教育学位共有 5 种，包括教育学学士、教育学硕士（1 年）、教育学硕士（2 年）、教育哲学硕士、教育学博士。

大学教育系设立质量保障中心，确保教学的内容和质量。在每学期结束时，学生对课程内容和教师的教学给出反馈。质量保障中心确保学生学习了 90% 的课程，并且在进行考试之前，教师讲授了课程大纲中 75% 的课

---

① KHAN W. Quality of teacher education in Pakistan [J]. The dialogue，2015，X（2）：212-219.

程内容。此外，质量保障中心会对教师进行排名，并提出反馈或安排需要的专业发展培训。

2. 教师教育学院

教师教育学院由省级教育部门管理，同时这些学院隶属于本地大学，遵循大学规定的课程和评估措施。[①]之前，巴基斯坦的中小学教师（1 至 8 年级）在完成短期培训课程后即可进行教学，教师学完这些培训课程之后可获得小学教学证书或教学证书。现在巴基斯坦的国家法规正式规定，4 年制教育学学士学位或同等学力是在巴基斯坦小学到高中阶段学校任教的最低要求。教师教育学院则是培养满足这一要求人才的重要机构。

以联邦教育学院为例。联邦教育学院于 1974 年成立，提供满足学生和教师需求的教育培训。学院持续更新教育项目，以应对当今社会变化带来的挑战，强调终身学习、职前及在职教师培训等专业发展。学院的所有学科和所有的学位项目隶属于旁遮普大学。[②]

信德省侯赛纳巴德政府初等教师学院是信德省较为古老的教师培训学院之一，成立于 1956 年。学院提供一种学位课程，即小学教师教育学学士学位（4 年）课程，与卡拉奇大学、芬兰的赫尔辛基大学合作开发课程，目标包括：使课堂规划和教学与 21 世纪的知识和技能契合；平衡传统讲授式教学方法和以学生为中心的互动教学策略；了解儿童如何学习科学，并将这些知识应用于教学；使用多种策略教有各种学习需求的学生；通过辅导、指导、知识共享和与同事组队教学，参与学习社区；使用多种评价策略来评价学生的学习。以上目标体现在该学位的学习计划中（见表 8-1）。

---

① CHANG F H.Teacher education policies and programs in Pakistan：the growth of market approaches and their impact on the implementation and the effectiveness of traditional teacher education programs［D］. East Lansing：Michigan State University，2014.

② Our history［EB/OL］.［2021-05-10］. http：//fce.edu.pk/p/14/our-history.

表 8-1　侯赛纳巴德政府初等教师学院教育学学士学位学习计划

学期	课程	学期	课程
1	英语 I 伊斯兰研究 / 伦理学 计算机素养 乌尔都语 / 地区语言 普通科学 一般教学方法	5	英语 III（技术写作和表达技巧） 教育基础 内容课程 I（社会科学） 内容课程 I（数学） 当代教育问题与趋势 教育心理学
2	英语 II（沟通技巧） 儿童发展 课堂管理 普通数学 巴基斯坦研究 伊斯兰研究的教学方法	6	课程开发 内容课程 II（科学） 内容课程 II（乌尔都语） 比较教育 指导和咨询导论
3	读写技能教学 艺术、手工和书法 课堂评估 普通科学教学 社会科学教学 教育实习	7	内容课程 I（选定学科 I） 内容课程 II（选定学科 II） 学校管理研究 教育教学方法 教育实习
4	乌尔都语 / 地区语言教学 英语教学 数学教学 学校、社区和教师 教学与沟通 教育中的信息技术 教育实习	8	教育学 I（专业化 I） 教育学 I（专业化 II） 测试开发和评估 教育实习 研究项目

　　学生完成以上学习计划并通过考试之后，由卡拉奇大学的学位授予机构颁发教育学学士学位。

　　3. 私立教师教育机构

　　巴基斯坦有大量的私立教师教育机构，包括自治机构、私立大学、学位授予和特许院校。这些机构享有较多的自主权，提供在职教师培训和少量职前教师教育。[①]

---

① 莫海文. 巴基斯坦中小学教师教育问题探析［J］. 外国中小学教育，2011（2）：57-61.

以阿拉玛·伊克巴尔开放大学为例，该大学成立于 1974 年，共有 4 个学院，教育学院是其中之一。教育学院成立于 1984 年，包括 S. T. E. P. 系，远程、非正规与继续教育系，幼儿教育与小学教师教育系，科学教育系，教育规划、政策研究与领导学系，中学教师教育系，特殊教育系。教育学院共开设了 30 个项目和 135 门课程，致力于各类中小学教师的培养工作。

第二节　课程设置

巴基斯坦教师教育课程由高等教育委员会和各省课程局共同设计。然而，各个教学大纲中给出的方法和方法论因院校而异。[①] 以教育学学士学位项目（小学）、教育学学士学位项目（中学）、教育学副学士学位项目为例，其课程设置如下[②]。

一、教育学学士学位项目（小学）

该项目学制 4 年，学期时长 16 ～ 18 周，共 8 个学期，每学期 15 ～ 18 学分。课程结构为必修课程（19 学分），专业课程（51 学分），基础课程（24 学分），内容课程（26 学分），教学实践（15 学分），总共为 135 学分。完成 2 年课程的学生，大学 / 学院可授予其教育学副学士学位，攻读学士学位（荣誉学位）的学生将在第 3 年和第 4 年继续学习，具体课程如表 8-2 所示。

表 8-2　巴基斯坦教育学学士学位（小学）课程设置

学期	课程
1	英语 I（必修），伊斯兰研究 / 伦理（必修），儿童发展（基础），乌尔都语 / 地区语言（内容），普通科学（内容），一般教学方法（基础）

① KHAN W.Quality of teacher education in Pakistan［J］.The dialogue，2015，X（2）：212-219.

② Higher Education Commission.Curriculum of education［Z］.Islamabad：Higher Education Commission，2010：16-28.

续表

学期	课程
2	英语Ⅱ（沟通能力）（必修），计算机素养（必修），课堂管理（基础），普通数学（必修），巴基斯坦研究（必修），伊斯兰研究教学方法（专业）
3	读写技能教学（专业），艺术、手工及书法（内容），乌尔都语/地方语言教学（专业），科学教学（专业），教育教学和通信技术（专业），教育实习（短期）
4	课堂评估（基础），英语教学（专业），数学教学（专业），学校、社区和教师（基础），社会科学教学（专业），教育实习
5	英语Ⅲ（技术写作和表达技巧）（必修），教育基础（基础），内容课程Ⅰ（选自选定学科Ⅰ），内容课程Ⅰ（选自选定学科Ⅱ），课程开发（基础），教育心理学（基础）
6	当代教育问题与趋势（专业），内容课程Ⅱ（选自选定学科Ⅰ），内容课程Ⅱ（选自选定学科Ⅱ），比较教育学（专业），指导和咨询导论（专业）
7	内容课程Ⅲ（选自选定学科Ⅰ），内容课程Ⅲ（选自选定学科Ⅱ），教育学Ⅰ（与专业相关的教学方法Ⅰ），教育学Ⅱ（与专业相关的教学方法Ⅱ），教育研究方法（专业），教育实习（短期）
8	学校管理（专业），测试开发和评估（专业），教育实习（长期），研究项目（专业）

二、教育学学士学位项目（中学）

该项目学制4年，学期时长16～18周，共8个学期，每学期15～18学分。课程结构为必修课程（25学分），专业课程（36学分），基础课程（30学分），内容课程（24～33学分），教育实习（12学分），总共为127～136学分。具体课程如表8-3所示。

表8-3　巴基斯坦教育学学士学位（中学）课程设置

学期	课程
1	伊斯兰研究/伦理学，英语Ⅰ，教育基础，巴基斯坦教育的发展，内容课程Ⅰ（选自选定学科Ⅰ），内容课程Ⅰ（选自选定学科Ⅱ）
2	英语Ⅱ，数学，批判性思维与反思性实践，人的发展与学习，内容课程Ⅱ（选自选定学科Ⅰ），内容课程Ⅱ（选自选定学科Ⅱ）
3	巴基斯坦研究，计算机素养，英语Ⅲ，内容课程Ⅲ（选自选定学科Ⅰ），内容课程Ⅲ（选自选定学科Ⅱ），一般教学方法

续表

学期	课程
4	内容课程Ⅳ（选自选定学科Ⅰ），内容课程Ⅳ（选自选定学科Ⅱ），指导和咨询，课堂评估，课堂管理，监督学校体验／观察／参观
5	课程开发，学校、社区和教师，内容课程Ⅴ（选自选定学科Ⅰ），内容课程Ⅴ（选自选定学科Ⅱ），教育学Ⅰ（与专业相关的教学方法Ⅰ），教育学Ⅱ（与专业相关的教学方法Ⅱ）
6	教育研究方法，教育学Ⅲ（与专业相关的教学方法Ⅰ），教育学Ⅳ（与专业相关的教学方法Ⅱ），测试开发和评估，教育实习（短期），统计学导论
7	全纳教育，当代教育问题与趋势，研究项目，比较教育，信息技术
8	教育管理与领导，教育实习（长期），环境教育

三、教育学副学士学位项目

该项目学制 2 年，学期时长 16 ～ 18 周，共 4 个学期，每学期 15 ～ 18 学分。课程结构为必修课程（16 学分），专业课程（21 学分），基础课程（15 学分），内容课程（9 学分），教育实习（6 学分），总共为 67 学分。具体课程如表 8-4 所示。

表 8-4　巴基斯坦教育学副学士学位课程设置

学期	课程
1	英语Ⅰ（必修），伊斯兰研究／伦理（必修），儿童发展（基础），乌尔都语／地区语言（内容），普通科学（内容），一般教学方法（基础）
2	英语Ⅱ（沟通能力）（必修），计算机素养（必修），课堂管理（基础），普通数学（必修），巴基斯坦研究（必修），伊斯兰研究教学方法（专业）
3	读写技能教学（专业），艺术、手工及书法（内容），乌尔都语／地方语言教学（专业），科学教学（专业），教育教学与信息技术（专业），教育实习（短期）
4	课堂评价（基础），英语教学（专业），数学教学（专业），学校、社区和教师（基础），社会科学教学（专业），教育实习

由以上课程设置可以看出，巴基斯坦教师教育课程具有统一的结构，包括必修课程、专业课程、基础课程、内容课程和教育实习（教学实践），依据项目培养目标的不同，具体课程设置有所差异。

第三节　保障体系

巴基斯坦教师教育保障体系包括教育政策规划、经费投入制度、教师教育认证、师资队伍建设和教师地位的确立五个方面。

一、教育政策规划

巴基斯坦《国家教育政策 2009》和《国家教育政策 2017》对巴基斯坦教师教育发展进行了深入的分析并提出发展规划。《国家教育政策 2009》指出，巴基斯坦的教学质量改革是当务之急，而最重要的行动是改进教师使用的教学资源和教学方法，公立学校中教师素质不高与职前培训结构过时和在职培训制度不适当直接相关，这直接影响到了教师的社会地位。因此，教师教育需要改革，包括：职前培训和资格标准化；专业发展、教师薪酬、职业发展和地位及教师队伍的治理和管理。[1]

针对巴基斯坦教师教育的不足，《国家教育政策 2017》提出，教师教育改革需要在 9 个方面进行，包括[2]：教师资格；将教师教育体系转变为需求驱动；教学专业化，统一教学人员的名称、资格、薪酬结构和专业发展；教学人员的准备；培训资历较低的在职教师；教师和其他教学人员的持续专业发展；教师教育者的持续专业发展；教学人员的质量保障；教师教育的经费投入。以上政策为当前教师教育发展提供了政策依据和行动指南，是教师教育质量提升的依据和方向。

二、经费投入制度

公立大学中的教师教育经费来自高等教育委员会对大学的拨款，私立大学的教师教育经费来自大学自身和社会捐赠，其他类型机构的教师教育经费则主要来源于省财政。表 8-5 为 2016—2019 年巴基斯坦各省教师教育预算支出情况。

---

[1]　Ministry of Education. National education policy 2009［Z］. Islamabad：Ministry of Education，2009：42.

[2]　Ministry of Federal Education and Professional Training. National education policy 2017［Z］. Islamabad：Ministry of Federal Education and Professional Training，2017：63-65.

表 8-5　2016—2019 年巴基斯坦各省教师教育预算支出 [①]

省	2016—2017 年		2017—2018 年		2018—2019 年	
	预算支出 / 十亿卢比	占教育总 预算的 百分比 /%	预算支出 / 十亿卢比	占教育总 预算的 百分比 /%	预算支出 / 十亿卢比	占教育总 预算的 百分比 /%
旁遮普省	3.473	0.92	4.790	1.35	1.111	0.29
信德省	0.347	0.18	0.441	0.22	1.512	0.74
开伯尔–普什 图赫瓦省	0.467	0.35	0.487	0.31	0.599	0.36
俾路支省	0.087	0.18	0.098	0.18	0.105	0.17

教师教育经费的另一重要来源是国际援助。许多国际组织和外国政府对巴基斯坦教师教育进行了大力资助。例如，亚洲发展银行资助巴基斯坦教师教育基础设施建设，帮助决策者制订教育计划，以更好地促进教师知识和技能的形成，提高教学质量和公民素质。还有美国国际开发署、联合国教科文组织、加拿大国际发展署、澳大利亚国际开发署、欧盟委员会、德国科技合作社、日本政府、挪威政府、英国儿童拯救组织、联合国儿童基金会和世界银行等，都对巴基斯坦教师教育进行了资助。[②]

《国家教育政策 2017》中规定 [③]：为了提高教师教育项目的质量，政府应给予应有的重视；为吸引年轻人才进入这一领域，应为至少 25% 的优秀学生颁发奖学金或提供免费教育。

三、教师教育认证

为提高巴基斯坦教师教育的质量，高等教育委员会于 2006 年成立全国教师教育认证委员会。该委员会的主要职责是对各种私立和公立大学提供

① Academy of Educational Planning and Management.Public financing in education sector 2018-19［M］. Islamabad：Academy of Educational Planning and Management，2019：17-23.
② 莫海文 . 巴基斯坦中小学教师教育问题探析［J］. 外国中小学教育，2011（2）：57-61.
③ Ministry of federal education and professional training.National education policy 2017［Z］. Islamabad：Ministry of Federal Education and Professional Training，2017：65-66.

的教师教育课程进行认证。具体职能包括[①]：研究并制定政策和程序，以认证教师教育项目；制定同等教师教育学位课程的标准；检查教师教育机构，以确定它们是否按照相关大学的规定运作；批准不同领域的审核员名单，以参与教师教育项目的认证过程；成立认证检查委员会，认证检查委员会将其建议发送给理事会以帮助其做出决定，此类审核员的甄选标准将由理事会制定；提出、考虑和批准认证的政策和程序；考虑任何有关认证的上诉并做出决定；发布教师教育项目排名列表；促进智力发展和对与认证相关活动的学科领域的理解；收集、整理、索引、发布和传播有关教学专业的信息和研究结果，并支持教师教育机构质量保证工作；准备培训审核员的指导方针和程序，并指导他们如何协助机构规划其学术计划，以达到认证目的和实现未来发展；编写关于委员会活动的年度报告，并将其提交给高等教育委员会主席。

《国家教师教育项目认证标准》由全国教师教育认证委员会制定，于2009 年 7 月获得高等教育委员会批准，为项目的认证提供全面的指导方针。根据《国家教师教育项目认证标准》，教师教育项目认证的标准清单包括[②]：（1）课程和教学。课程设计适当，达到国家教师专业标准，经主管部门批准，并分发给所有相关人员。（2）评价和评估系统。机构有一个公平、透明的评价和监测系统，从项目开始到结束，追踪师范生的各种特征，监测教师教育者的表现。（3）基础设施、教学设施和学习资源。项目提供充足和必要的教学设施、基础设施和学习资源，使教师能够按照规定的课程进行培训，并通过与学校系统的联系，提供受督导的教学实践和实习机会。（4）人力资源。机构保持、发展和支持经验丰富的领导层、合格的教师教育者和合格的支持人员，通过内部的员工发展机制开展该项目。（5）资金和管理。对项目及其主办机构的行政和财务事项进行透明、合格和战略性的管理。（6）研究和学术。项目为教育工作者和师范生从事研究提供个人和制度层面的便利，促进教育进程。（7）社区联系和服务。机构与其

①　About NACTE［EB/OL］.［2020-05-15］. https：//www.nacte.org.pk/about.

②　National Accreditation Council for Teacher Education. National standards for accreditation of teacher education programs［Z］.Islamabad：National Accreditation Council for Teacher Education，2009：3-17.

社区建立联系并进行互动，以相互支持，促进社会公平。

在全国教师教育认证委员会管辖范围内的所有教师教育课程与项目，将通过以下程序获得委员会的认可①：（1）提交申请书。申请书必须包含/附加以下信息：课程名称、课程持续时间、培训水平、最低资格要求等；学习计划，即课程大纲，其中包含每门课程的建议阅读材料和学分；具有资格的学术与专业人员；图书馆提供书籍和期刊；建筑物和基础设施；机构中可用的其他设施，如实验室、操场、设备等；正在进行的其他项目。（2）认证检查委员会可以评估每个计划，并向理事会提出建议，以供进一步审议和批准。（3）如果拒绝认证某项计划，机构的校长/主席/负责人可以向控制机构提出书面上诉。控制机构将组成一个上诉委员会，其组成如下②：主席委员会；大学（不包括上诉大学）教育学院的院长，由高等教育委员会主席提名；一名委员会成员，由高等教育委员会主席从委员会成员名单中提名；一名高级教师教育者/经认可的教师教育机构的负责人，由高等教育委员会主席提名。委员会将审查上诉，并将其建议/意见发送给控制机构以做出决定。

教师教育认证的过程也是教师教育机构自查和自我提升的过程，教师教育认证是规范和提升教师教育质量的重要途径。

四、师资队伍建设

巴基斯坦大学的教育专业通常吸引高素质的、持有发达国家研究生文凭的教师教育者。大学教育专业提供有竞争力的薪酬、良好的环境、持续的专业发展机会和清晰的职业发展规划，吸引高素质的教师教育者。同样，大学教育专业吸引了不少有能力的学生，这些学生必须满足严格的入学要求。候选人在高考中得到不低于总分一半的分数，并且在大学入学考试中也须得到有竞争力的分数。

高等教育委员会批准了一项在职计划，以帮助在职教师提高其现代教学实践的技能。根据美国国际开发署的计划，巴基斯坦已经建造了21座新

---

①　About NACTE［EB/OL］.［2020-05-15］. https：//www.nacte.org.pk/about.

②　About NACTE［EB/OL］.［2020-05-15］. https：//www.nacte.org.pk/about.

的教育学院大楼，对所有省级教育学院进行了升级。制定了详细的课程、课程指南和补充教材，并与教师教育者共享。大多数省份已经采取了重要步骤来改革招聘规则和招聘政策，以优先招聘取得副学士学位和教育学学士学位（荣誉学位）的毕业生。①

《国家教育政策2017》建议对教师教育者进行继续教育，各省设立教师教育工作者持续专业发展学院或中心，帮助他们获得最新知识，并能在课堂上采用创新的教学策略。学院或中心最好设立在各省最知名的大学教师教育学院中。这些学院将在当地和外国著名教师教育工作者的参与下，准备严格的课程。持续专业发展课程应作为教师教育者绩效评估的一部分，并与他们在专业中的进步联系。

五、教师地位的确立

巴基斯坦历来的国家教育政策都强调教师的重要性。巴基斯坦1947年第一份国家教育报告即表达了对高质量教师的需求，"训练有素、薪酬合理的教师对于建立一个伟大的国家至关重要"。在1969年至2009年的教育政策中，教师被认为是整个教育体系的中心。②《国家教育政策1992》指出，教师是教学方法、评价技术、教科书和课程的变革因素。《国家教育政策1998—2010》指出，教师是能够在教育制度和课程实施方面带来显著变化的支柱和基本单位，教师在课堂上的教学质量与教育质量成正比。③《国家教育政策2009》认为，为了在全球知识经济中成功竞争，并将本国人民天生的才能转化为生产性资产，巴基斯坦必须建立一个从学前教育到研究生教育的世界水平的教育体系，而如果没有世界一流的教师，世界一流的教育是不可能实现的。《国家教育政策2017》指出，"有五到六大基本支柱对（教育质量）做出了重大贡献……教学质量改革是重中之重"。④

---

① HEC deliberates teacher education roadmap［EB/OL］.［2016-07-27］. https：//www.hec.gov.pk/english/news/news/Pages/HEC-Deliberates-Teacher-Education-Roadmap.aspx.

② KHAN W. Quality of teacher education in Pakistan［J］. The dialogue，2015，x（2）：212-219.

③ SHAFQAT F. Impact of educational reforms and policies on the quality of higher education in Pakistan［D］. Lahore：Lahore College for Women University，2019：9.

④ Ministry of Federal Education and Professional Training. National education policy 2017［Z］. Islamabad：Ministry of Federal Education and Professional Training，2017：42.

第九章
巴基斯坦教育的
改革走向

巴基斯坦教育在最近 70 余年的发展中，基于本国历史文化传统，以及社会发展和教育变革自身需要应对的问题，形成了本国教育的特色与经验，即重视教育政策规划、接受国际教育援助、认可私立教育机构、吸纳非政府教育组织、重视教育扫盲工作、保持伊斯兰教育传统。

　　巴基斯坦教育的发展尽管取得了显著的成就，但也存在教育总体水平偏低、净入学率有待提高、教育地区差异较大等问题，这影响到巴基斯坦教育的长足发展。

　　未来巴基斯坦教育的长足发展需要着力加大教育投入、深化国家课程改革、注重青年技能培养、提高教师教育质量、创新中巴教育交流等。

第一节　巴基斯坦教育的特色与经验

巴基斯坦现代教育在近70年的发展中，形成了本国的教育特色，也是具有巴基斯坦民族特色的探索，为21世纪教育的创新发展奠定了基础。

一、重视教育政策规划

巴基斯坦将教育视为社会转型、国家建设和发展的有力战略。[①]一直以来，理念构想之下的政策制定是巴基斯坦教育发展的显著特色之一。真纳很早就意识到，巴基斯坦的未来取决于教育，"如果我们要取得真正、迅速和实质性的进步，我们就必须使我们的教育政策和方案符合我们人民的天赋，符合我们的历史和文化，并考虑到世界各地的现代条件和巨大发展。因此，我们国家的未来必将取决于我们对儿童的教育类型，以及我们如何把他们培养成巴基斯坦未来的公民。我们应该通过良好的教育，向他们灌输崇高的荣誉感、正义感、责任感和为国家无私奉献的精神。现在迫切需要对我们的人民进行科学和技术教育，以便建立我们未来的经济生活，使我们的人民从事科学、商业、贸易，尤其是计划周密的工业。我们不应忘记，我们必须与世界竞争，世界正朝着这个方向快速前进"[②]。

独立后，巴基斯坦政府为国家发展制定"五年发展计划"，从第一个五年计划（1955—1960年）到第十二个五年计划（2013—2018年），这些计划都建议要着力发展教育并加大对教育的投入。1947年全国教育大会和1959年全国教育委员会会议对教育问题提出诸多政策建议，随后巴基斯坦

①　SARANGAPANI P M，PAPPU R，et al.Handbook of education systems in South Asia［M］. Singapore：Springer Nature Singapore Pte Ltd.，2021.

②　History of education in Pakistan［EB/OL］.［2012-08-10］.https://ilm.com.pk/education-news/history-of-education-in-pakistan/.

相继制定《国家教育政策 1970》、《国家教育政策 1972》、《国家教育政策 1979》、《国家教育政策 1992》、《国家教育政策 1998—2010》、《国家教育政策 2009》和《国家教育政策 2017》。

第一次全国教育大会于 1947 年在卡拉奇举行，会议建议：教育应与伊斯兰价值观相结合，实施免费义务教育，实施科技教育。1959 年的全国教育委员会会议建议：加强品格培养、实施初等义务教育、注重科技教育、以国语为教学语言、实施三年制的学位项目、扫盲、建立大学教育资助委员会的机构、考试制度应是内部（25%）和外部（75%）评估相结合。宗教教育应分三个阶段进行，即中间学校水平的必修课程、中等教育水平的选修课程和大学教育水平的研究课程。《国家教育政策 1970》强调意识形态导向、重视科技教育、主张教育行政分权、扫盲和组建全国性的教育部门。《国家教育政策 1972》倡导巴基斯坦意识形态，教育平等，个性发展，基于社会经济需求的课程、综合技术和科学教育，鼓励教师、学生和家长积极参与教育事务，推进教育机构的国有化，宣布分两个阶段为女童和男童提供到 10 年级的免费普及教育。《国家教育政策 1979》建议实现如下目标：修订课程、合并宗教教育和传统教育、将乌尔都语作为教学语言、社区有效参与扫盲项目、连接科学和技术教育、为男童和女童单独设立学校。《国家教育政策 1992》建议：通过教育倡导伊斯兰价值观、改善女性教育、扩大中学水平的普通和技术教育范围、开发以需求为导向的课程、扩大毕业和毕业后的时间跨度、使用 AV 辅助设备促进私营部门参与扫盲工作。《国家教育政策 1998—2010》建议：课程多样化、扩大并强调技术和科学教育、提高伊斯兰宗教学校的教学质量、教师培训项目包含职前培训和在职培训、引入多本教材的理念、发展国家测试服务、引入综合调控系统。《国家教育政策 2009》中的改革内容包括：普及免费初等教育、提供免费教科书、平等获得学习机会、全面提高教育质量、引入新课程、开发培训和学习资源及材料、为私营部门提供激励、引入各级计算机课程、加强高等教育研究、为宗教学校提供补助金，到 2015 年教育拨款将占全国 GDP 的 7%，同时识字率将提高到 86%，学士学位和教育学学士学位是小学教学的最低要求，到 2018 年应确保初中教师具备学士学位、高中教师具备硕士学位。[①]《国家教育政策 2017》的主要目标包括：加强品格培养；满足学生知识、技术和价值观的学习需求；促进民族融合；扩大教育机会；加强教育质量的制度建设；增加教育预算；提升科学和技术水平；协调课程与标准。[②]

为应对社会变革和转型、发掘巴基斯坦民族的内生力量和创造新的机会，巴基斯坦国家经济委员会于 2014 年批准发布《巴基斯坦 2025 愿景》，规划了巴基斯坦社会发展的七大支柱，第一个支柱是"以人为本——开发人力和社会资本"，包括[③]：将小学入学率和完成率提高到 100%，识字率提高到 90%；将高等教育覆盖率从 7% 提高到 12%，博士生数量从 7 000 人增加到 15 000 人；将小学和中学性别平等指数提高到 1。

教育政策和规划是巴基斯坦历届政府的重要工作内容，规划是行动的前提和基础，为教育改革提供了思路、内容和方向。

二、接受国际教育援助

巴基斯坦教育发展过程中，从学前教育、基础教育、高等教育、职业技术教育到教师教育，从正规教育、非正规教育到非正式教育，从公立教育、私立教育到宗教教育，都有国际组织和国外机构的援助，国际组织和国外机构是巴基斯坦教育发展的重要参与方。

尤其从 20 世纪 90 年代开始，巴基斯坦和其他南亚国家一样，成为国际援助的受援国，得到大量援助。从 21 世纪开始，外国对巴基斯坦教育的绝对援助大幅增加，从 2002 年的 2 000 万美元增加到 2012 年的 4.32 亿美元，巴基斯坦成为接受教育援助最多的 10 个国家之一。

国际教育援助方在巴基斯坦的教育发展中发挥着重要作用。近 20 年中，

①　MALIK M.Human resource development of teachers at elementary and secondary level [D]. Nowshera：Northern University，2018.

②　Ministry of Federal Education and Professional Training.National education policy 2017 [Z]. Islamabad：Ministry of Federal Education and Professional Training，2017：10-11.

③　Ministry of planning，development and reform.Pakistan vision 2025 [Z].Islamabad：Government of Pakistan，2014：101.

国际援助资金对诸多教育政策产生了影响，促进了教育质量的提高。[1]巴基斯坦获得的主要国际教育援助如表 9-1 所示。

表 9-1　巴基斯坦获得的主要国际教育援助[2]

捐助方	援助地点	时间	援助重点	资金 / 百万美元
世界银行	全国、旁遮普省、信德省和俾路支省	2012—2020 年	学前教育、小学和中等教育、高等教育	910.1
英国国际发展部 / 英国直接援助部	全国、旁遮普省、开伯尔－普什图赫瓦省和信德省	2011—2019 年	小学和中等教育、教育倡导	1 386.3
欧洲联盟	全国、开伯尔－普什图赫瓦省和信德省	2011—2019 年	小学和中等教育、职业技术教育	222.5
美国国际开发署	全国和信德省	2004—2020 年	小学和中等教育、高等教育	1 004.9
德国国际合作机构	全国和各省	—	职业技术教育	
联合国儿童基金会	全国和各省	2013—2017 年	学前教育、小学教育	63.7
联合国教科文组织	全国和各省	2014—2018 年	小学教育、教师教育	—
加拿大全球事务部	全国	2004—2017 年	教师教育	133.8
澳大利亚外交贸易部	开伯尔-普什图赫瓦省	2010—2020 年	小学和中等教育	93.5
日本国际协力机构	信德省	2014—2018 年	小学和中等教育	16.1

近十年中，多数项目都支持联邦政府和省级政府根据各自的部门计划进行教育改革。捐助资金量较大的捐助方，如英国国际发展部和世界银行等，通过一般预算或部门预算提供支持。捐助资金量较少的捐助方通常通过当

[1]　Asian Development Bank.School education in Pakistan：a sector assessment ［M］.Mandaluyong City：Asian Development Bank，2019：79.

[2]　Asian Development Bank.School Education in Pakistan：a sector assessment ［M］.Mandaluyong City：Asian Development Bank，2019：79.

地和国际非政府组织开展工作。自 2010 年以来，大多数国际捐助方直接与省级政府合作，有些则侧重于联邦一级。国际捐助方在省和国家两级建立了协调机制，以避免在项目支持方面重复。[①]

以旁遮普省为例，表 9-2 所示为旁遮普省接受的教育援助。

表 9-2 旁遮普省接受的教育援助[②]

捐助方	项目名称	时间	资金 / 百万美元	援助重点
英国国际发展部	旁遮普省教育部门计划Ⅱ	2013—2019 年	642.1	小学和中等教育
世界银行	第三个旁遮普省教育部门项目	2016—2021 年	300.0	学前教育、小学和中等教育
美国国际开发署	巴基斯坦阅读项目	2013—2018 年	165.0	小学教育、在职教师教育
联合国教科文组织	支持国家能力建设，实现巴基斯坦女童教育权	2014—2018 年	7.0	小学和中学女童教育
联合国儿童基金会	教育计划	2013—2017 年	15.3	学前教育、小学教育、扫盲和非正规基础教育
德国国际合作机构	支持巴基斯坦职业技术教育改革	2017—2021 年	63.3	职业技术教育
世界银行	旁遮普省技能发展	2013—2020 年	50.0	
日本国际协力机构	推动高质量替代学习项目	2015—2019 年	4.9	成人扫盲

1984 年，巴基斯坦政府成立巴基斯坦联合国教科文组织全国委员会，支持联合国教科文组织在巴基斯坦的活动。联合国教科文组织对巴基斯坦发展的支持包括促进受教育机会平等和教育质量提升，促进巴基斯坦有形和无形遗产的保护和可持续管理，促进创意产业发展，将遗产和文化融入教育和发展，促进信息获取，倡导科学技术的应用和创新，以促进巴基斯

---

① Asian Development Bank.School education in Pakistan：a sector assessment［M］.Mandaluyong City：Asian Development Bank，2019：80.

② Asian Development Bank.School education in Pakistan：a sector assessment［M］.Mandaluyong city：Asian Development Bank，2019：81.

坦经济增长的可持续性和提升包容性。^①

国际教育经费援助占巴基斯坦政府教育支出的 76%，这些资金对支持教育体系至关重要。国际援助在提供经费援助的同时，也提供战略思路和策略方法等支持。

三、认可私立教育机构

自独立以来，巴基斯坦一直重视私立教育机构在教育发展中的作用。在最初的几十年里，私营部门以温和的速度增长。《国家教育政策 1972》推行教育国有化，私营部门在教育中的作用受到限制。20 世纪 80 年代，学校非国有化之后，私立教育又开始发挥作用。世纪之交，随着各国通过千年发展目标作出普及小学教育的承诺，以及巴基斯坦自由化政策的实行，巴基斯坦私立学校，尤其是低收费学校出现了显著的增长。^②

以巴基斯坦阿迦汗教育服务（Aga Khan Education Services，AKES）为例。100 多年来，在巴基斯坦最偏远的地区，AKES 学校一直在为巴基斯坦提供从学前到高中阶段的优质教育，以及通过提供奖学金和其他教育支持服务促进高等教育。巴基斯坦 AKES 学校有 45 000 多名学生、近 2 000 名教师和校长，并有 2 000 多名志愿者。巴基斯坦 AKES 在卡拉奇开办 4 所学校，在海得拉巴和信德省农村开办 3 所学校，在旁遮普省哈菲扎巴德开办 1 所学校，招生人数超过 10 000 人。所有巴基斯坦 AKES 学校遵循国家课程标准，非常重视英语、数学、科学以及信息和通信技术，注重以儿童为中心的教学方法，加强学校信息技术的整合，促进教学方法改善和教师发展。^③

根据巴基斯坦《国家教育政策 2017》，私立教育机构占全巴基斯坦教育机构的 30.8%，教师占全国教师的 48.96%，招收学生占巴基斯坦学生总

---

① UNESCO.UNESCO Pakistan country strategic document2018-2022［Z］.Islamabad：UNESCO，2019：7.

② SARANGAPANI P M，PAPPU R，et al.Handbook of education systems in South Asia［M］. Singapore：Springer Nature Singapore Pte Ltd.，2021：685.

③ SARANGAPANI P M，PAPPU R，et al.Handbook of education systems in South Asia［M］. Singapore：Springer Nature Singapore Pte Ltd.，2021：687.

数的 38.7% 以上，教育支出不低于 3 770 亿卢比。① 几乎所有省份（包括伊斯兰堡首都特区在内）的一些联邦单位都制定了私立教育机构注册和监管条例、法案、规则、法律和章程。② 私立教育机构在巴基斯坦教育发展中发挥着重要作用。

四、吸纳非政府教育组织

自独立以来，非政府教育组织在巴基斯坦教育发展中发挥了积极作用。非政府组织关爱基金会（CARE）、农村教育与发展基金会（Rural Education and Development，READ）和教育与意识中心（Idara-e-Taleem-o-Aagahi，ITA）的使命和行动，可以显示出巴基斯坦非政府教育组织对教育的参与和支持。

CARE 成立于 1988 年，其使命是为巴基斯坦的每位儿童提供平等的接受高质量教育的机会，缩小巴基斯坦部分人口的经济差距。CARE 在欠发达地区建立了示范学校，通过修建厕所、科学实验室、计算机实验室、图书馆，以及光线充足、通风良好的教室来改造学校，并为这些学校提供新设备、清洁饮用水和适当的卫生设施，确保儿童有一个有利的学习环境。同时，为了保证教育质量，CARE 培训自己的教师，为公立学校教师举办培训课程，在暑假、寒假和入职培训期间开展教师培训项目，提供广泛的培训活动，共培训了 7 000 多名教师，培训项目涉及课堂管理、活动学习、课程规划等，帮助教师成为更有效、更富有同理心的教育者。③CARE 不仅提高了教师和学校的质量，也对附近居民送孩子上学的意愿产生了较大影响。总的来说，CARE 利用其作为非政府组织的优势和专业知识，弥补了公立教育的短板。④

---

① Ministry of Federal Education and Professional Training.National education policy 2017 [Z]. Islamabad：Ministry of Federal Education and Professional Training，2017：163.

② Ministry of Federal Education and Professional Training.National education policy 2017 [Z]. Islamabad：Ministry of Federal Education and Professional Training，2017：108.

③ PANTH B，MACLEAN R. Anticipating and preparing for emerging skills and jobs：key issues，concerns and prospects [M]. Singapore：Springer Nature Singapore Pte Ltd，2020：84-85.

④ PANTH B，MACLEAN R. Anticipating and preparing for emerging skills and jobs：key issues，concerns and prospects [M]. Singapore：Springer Nature Singapore Pte Ltd，2020：86-87.

READ 是 1994 成立的非营利性组织，其创始人发起了一个学校系统，为边缘化社区和贫困家庭服务。READ 最初只有一名教师和 25 名儿童，现在它已发展为巴基斯坦最大的本土教育组织之一，正在建设一个包含 344 个教育机构的教育网络，涉及小学、中学和大学，超过 92 000 名学生。READ 也为数千名孤儿提供免费和优质教育，以及物质帮助，如衣服和鞋子、课本、文具和背包，还有零用钱和特殊节日的礼物。通过建立寄宿制小学、中学和高等教育学校，READ 帮助社会经济地位不利儿童群体追求美好的未来。①

ITA 成立于 2000 年，工作重点是全面的教育改革，并与其他基础教育部门合作，为儿童、妇女等弱势群体提供非正规教育和扫盲项目，工作内容涵盖从学前教育到中学的正规和非正规教育，以及职前、在职和认证项目中的教师教育。②

五、重视教育扫盲工作

教育扫盲工作关系巴基斯坦社会的可持续发展。巴基斯坦国家层面的教育扫盲工作由联邦教育与专业培训部的自治机构——国家人力发展委员会负责管理。国家人力发展委员会的主要任务是支持巴基斯坦的人力发展，特别是在成人识字、初等教育普及、基本卫生、减轻贫困、能力建设和志愿服务方面。

自 2002 年以来，国家人力发展委员会为促进巴基斯坦的扫盲工作做出了贡献。具体包括：在全国各地建立了 170 190 多个成人扫盲中心；约有 398 万成年人（女性占多数）获得了基本的识字和计算能力；培训了成人扫盲、社会动员、扫盲中心管理等方面 170 200 名扫盲教师和 17 000 名主管；在伊斯兰堡建立了国家扫盲资源中心；编写了 100 多本有关扫盲、实用生活技能和创收活动的小册子；在监狱、工作场所和游牧社区中引入了特别的扫盲包，并考虑了他们的特定需求；在扫盲和技能开发领域成功实施了

---

① FAROOQ M S，YUAN T K. The role of READ（Rural Education and Development）foundation in quality education of Pakistan［J］. Journal of education and practice，2016，7（19）：1-9.

② About ECE［EB/OL］.［2020-05-07］. https：//ece.itacec.org/.

几个创新项目，即基于移动的扫盲计划、社区学习中心等，制订了《国家扫盲行动计划》；在巴基斯坦建立了第一家国家扫盲和非正规教育培训学院。[①]

当前，国家人力发展委员会正在进行的工作包括：（1）建立功能性识字中心。面向吉德拉尔、罕萨和吉泽尔地区 7 个山谷中的妇女建立 30 个功能性识字中心，目的是帮助这些山谷中高度边缘化的社区，项目已经完成，约有 650 名妇女受益。（2）开发基于信息技术的视频培训课程。开发完成了 6 个基于信息技术的视频培训课程，用于扫盲和非正规基础教育教师和管理者的能力建设。（3）建立监狱中的扫盲中心。在萨戈达监狱已建成 3 个扫盲中心，旨在帮助囚犯在狱后生活中作为有用的公民融入主流社会。（4）建立社区学习中心。在巴基斯坦 45 个地区建立了大约 50 个社区学习中心，为包括儿童、青年和成人在内的社区成员提供终身学习机会。[②]

国家人力发展委员会扫盲工作的近期目标包括两方面：（1）数据和信息的收集。汇编有关成人文盲估算人数数据；收集迫切需要学校的潜在地点的数据；编制包含所有相关信息的地区识字档案。（2）建立扫盲中心。在巴基斯坦建立 2 000 个成人扫盲中心，以扫除约 15 万成人文盲。[③]

六、保持伊斯兰教育传统

巴基斯坦宗教学校被视为伊斯兰社会的传统教育模式、教育部门的重要组成部分、教育领域的非政府组织等。[④]

1947 年在卡拉奇举行的第一次教育大会建议：巴基斯坦的教育体系应该受到伊斯兰思想的启发；在学校和大学中，穆斯林学生必须接受宗教教育，如果其他社区愿意，可为之提供类似设施。[⑤]

---

① Adult literacy［EB/OL］.［2020-01-27］. http：//mofept.gov.pk/ProjectDetail/NjQ4ZTg2NjItOWM2NC00Y2IxLTkzMDgtMjU2OTFhMjA4NzNh.

② Adult literacy［EB/OL］.［2020-01-27］. http：//mofept.gov.pk/ProjectDetail/NjQ4ZTg2NjItOWM2NC00Y2IxLTkzMDgtMjU2OTFhMjA4NzNh.

③ Adult literacy［EB/OL］.［2020-01-27］. http：//mofept.gov.pk/ProjectDetail/NjQ4ZTg2NjItOWM2NC00Y2IxLTkzMDgtMjU2OTFhMjA4NzNh.

④ 焦若水.巴基斯坦宗教学校：现状、问题与社会风险［J］.南亚研究季刊，2018（1）：61-69.

⑤ Ministry of Federal Education and Professional Training.National education policy 2017［Z］. Islamabad：Ministry of Federal Education and Professional Training，2017：20-21.

所有的教育政策如《国家教育政策 1972》《国家教育政策 1979》《国家教育政策 1998》《国家教育政策 2009》《国家教育政策 2017》等均主张实施伊斯兰宗教教育。

宗教学校为学生提供免费或近乎免费的教育与食宿，在巴基斯坦发挥着提供教育机会的有益作用。宗教教育客观上对提升巴基斯坦民众的识字率与受教育水平起到了促进的作用。[①]

第二节　巴基斯坦教育的问题与挑战

巴基斯坦教育发展虽然取得了显著的成绩，但当前还面临着教育总体水平偏低、净入学率有待提高、教育地区差异较大等问题，这些是巴基斯坦教育需要应对的挑战。

一、教育总体水平偏低

无论从区域国家教育相关指标的比较，还是从本国学生的识字率、文盲率来看，巴基斯坦教育总体水平均呈偏低状况。根据联合国开发计划署《2020 年人类发展报告》，巴基斯坦人类发展指数值在 189 个国家和地区中排第 154 位。巴基斯坦教育发展的相关指标均靠后，教育发展整体水平落后于多数南亚国家。表 9-3 所示为南亚国家教育相关指标的区域比较[②]。

---

① 焦若水. 巴基斯坦宗教学校：现状、问题与社会风险 [J]. 南亚研究季刊，2018（1）：61-69.
② Economic Adviser's Wing，Finance Division. Pakistan economic survey 2020-21 [R]. Islamabad：Economic Adviser's Wing，Finance Division，2021：199.

表 9-3　南亚国家教育相关指标的区域比较

国家	15 岁及以上成人识字率（2008—2018 年）/%	15～24 岁青年识字率 /%		25 岁及以上有中等教育经历的人口（2015—2019 年）/%	毛入学率（2014—2019 年）/%				小学辍学率（2008—2018 年）/%	政府教育支出（2013—2018 年）占 GDP 的百分比 /%	人类发展指数排行
		女性（2008—2018 年）	男性（2008—2018 年）		学前	小学	中学	大学			
斯里兰卡	91.7	99.0	98.5	80.0	91	100	100	20	1.6	2.1	72
马尔代夫	97.7	99.1	98.4	47.6	92	97	—	31	6.7	4.1	95
不丹	66.6	92.9	93.3	27.6	34	100	90	16	11.3	6.6	129
印度	74.4	90.2	93.0	39.3	14	113	75	28	8.8	3.8	131
孟加拉国	73.9	94.9	91.8	44.0	41	116	73	21	33.8	2.0	133
尼泊尔	67.9	90.9	94.0	36.2	87	142	80	12	26.5	5.2	142
巴基斯坦	60.0	67.5	81.3	37.3	83	94	43	9	29.6	2.9	154

识字率是教育水平的一个显著指标。1947 年，巴基斯坦民众的识字率只有 10%，到 21 世纪初，一些地区的识字率已达五成，但还有大量女性未受过教育。[①] 巴基斯坦民众的识字率普遍偏低，根据有关数据，2019—2020 年 10 岁及以上人口识字率为 60%，城市地区的识字率（74%）高于农村地区（52%），旁遮普省的识字率最高（64%），其次是信德省（58%）、开伯尔-普什图赫瓦省（除去合并地区）（55%）、开伯尔-普什图赫瓦省（包括合并地区）（53%）、俾路支省（46%）（见表 9-4）。

表 9-4　2014—2015 年和 2019—2020 年巴基斯坦 10 岁及以上人口识字率[②]

单位：%

省 / 地区	2014—2015 年			2019—2020 年		
	男性	女性	总计	男性	女性	总计
全国	70	49	60	70	50	60
农村	63	38	51	64	39	52
城市	82	69	76	79	67	74
旁遮普省	71	55	63	72	57	64
农村	65	45	55	67	48	57
城市	82	73	77	80	72	76
信德省	70	49	60	68	47	58
农村	55	24	40	53	23	39
城市	82	70	76	79	66	73
开伯尔-普什图赫瓦省（包括合并地区）	—	—	—	71	35	53
农村	—	—	—	69	31	50
城市	—	—	—	80	53	67
开伯尔-普什图赫瓦省（除去合并地区）	71	35	53	72	37	55
农村	69	31	50	70	34	52

---

① 马里克．巴基斯坦史［M］．张文涛，译．北京：中国大百科全书出版社，2010：16.

② Economic Adviser's Wing, Finance Division.Pakistan economic survey 2020-21［R］.Islamabad：Economic Adviser's Wing，Finance Division，2021：203.

续表

省／地区	2014—2015 年			2019—2020 年		
	男性	女性	总计	男性	女性	总计
城市	80	52	66	81	54	68
俾路支省	61	25	44	61	29	46
农村	54	17	38	55	22	40
城市	78	42	61	76	47	63

注：之前的联邦直辖部落区现在是开伯尔-普什图赫瓦省的一部分，并首次被覆盖。
　　因此，开伯尔-普什图赫瓦省的数据给出了有合并区域和无合并区域两种情况。

从表 9-4 可以看出，无论城市还是农村，10 岁及以上年龄女性的识字
率均低于男性。尤其从 2019—2020 年的数据来看，女性的识字率均低于男
性（见图 9-1）。

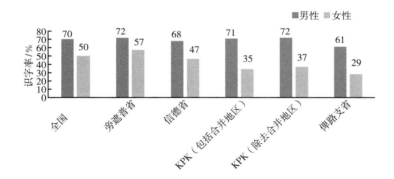

图 9-1　2019—2020 年巴基斯坦 10 岁及以上人口识字率 [1]

　　注：KPK指开伯尔-普什图赫瓦省。

二、净入学率有待提高

相比 2014—2015 年，巴基斯坦 2019—2020 年全国小学（1 ～ 5 年级）
净入学率呈下降趋势；从各省看，信德省和开伯尔-普什图赫瓦省（除去

---

[1]　Economic Adviser's Wing，Finance Division.Pakistan economic survey 2020-21 ［R］.Islamabad：
Economic Adviser's Wing，Finance Division，2021：203.

合并地区）小学（1～5年级）的净入学率也有所下降（表9-5）。[①]

表9-5　巴基斯坦全国和各省小学（1～5年级）净入学率

单位：%

省/地区	2014—2015年		2019—2020年	
	男生	女生	男生	女生
全国	72	62	68	60
旁遮普省	73	67	71	89
信德省	67	54	60	49
开伯尔-普什图赫瓦省（包括合并地区）	—	—	72	56
开伯尔-普什图赫瓦省（除去合并地区）	78	62	73	59
俾路支省	67	42	65	45

从2019—2020年小学（1～5年级）净入学率看，无论是全国还是省级层面，男生的净入学率均高于女生（旁遮普省除外）（图9-2）。

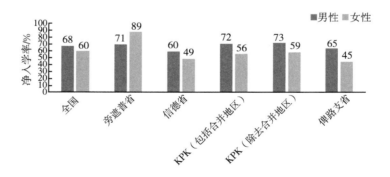

图9-2　2019—2020年巴基斯坦1～5年级净入学率[②]

注：KPK指开伯尔-普什图赫瓦省。

---

① Economic Adviser's Wing，Finance Division.Pakistan economic survey 2020-21［R］.Islamabad：Economic Adviser's Wing，Finance Division，2021：204-205.

② Economic Adviser's Wing，Finance Division.Pakistan economic survey 2020-21［R］.Islamabad：Economic Adviser's Wing，Finance Division，2021：205.

三、教育地区差异较大

巴基斯坦教育存在地区差异。例如，拉合尔、伊斯兰堡和卡拉奇等城市的识字率接近 75％，俾路支省的某些地区识字率则低至 9％；2018 年旁遮普省 65％的 5 年级学生能够阅读英语句子，俾路支省的 5 年级学生只有 34％能够做到；俾路支省失学儿童占本省学龄儿童总数的 70％，伊斯兰堡首都特区则只有 12％的儿童没有上学。[①]

在巴基斯坦，旁遮普省和开伯尔-普什图赫瓦省在改善基础设施方面取得了进展，信德省和俾路支省则明显落后。教师和教室的供给、学生与教师的比例、学生与教室的比例均存在差异。信德省 41.3% 的学校是单个教师学校，旁遮普省的教师空缺率非常高（见表 9-6）。

表 9-6　巴基斯坦各省教育指标（2015—2016 年）

教育指标	旁遮普省	信德省	开伯尔-普什图赫瓦省	俾路支省
师生比	1：30	1：27	1：28	1：19
教室：学生	1：46	1：36	—	1：23
教师空缺率 /%	30.1	—	34.7	7.1
单个教师的学校占比 /%	8.3	41.3	11	39.2
有饮水设备的学校占比 /%	99.5	57.2	89.1	52.6
有电的学校占比 /%	93.3	45.2	86.9	20.2
有厕所的学校占比 /%	99.2	63.5	95.8	27.5

近年来，教育部门的预算拨款一直保持在 GDP 的 2% 左右，其中大部分用于经常性支出，主要是工资，剩下的小部分作为发展性预算用于提供学校设施、教师培训、课程开发、教育监管等（见表 9-7）。[②]

---

① HUNTER R.Education in Pakistan［EB/OL］.［2020-02-25］.https：//wenr.wes.org/2020/02/education-in-pakistan.

② Ministry of Federal Education and Professional Training.National education policy 2017［Z］. Islamabad：Ministry of Federal Education and Professional Training，2017：160.

表 9-7　巴基斯坦教育支出概况（2015—2020 年）[①]

年度	地点	教育支出			
		经常性支出 / 百万卢比	发展性支出 / 百万卢比	总支出 / 百万卢比	占 GDP 比例 /%
2015—2016	联邦	84 496	34 665	119 161	—
	旁遮普省	224 608	26 863	251 471	—
	信德省	123 855	11 153	135 008	—
	开伯尔–普什 图赫瓦省	92 306	19 925	112 231	—
	俾路支省	36 121	9 364	45 485	—
	全国	561 386	101 970	663 356	2.3
2016—2017	联邦	91 139	16 890	108 029	—
	旁遮普省	221 049	39 593	260 642	—
	信德省	134 650	12 082	146 732	—
	开伯尔–普什 图赫瓦省	109 482	26 639	136 121	—
	俾路支省	40 571	7 127	47 698	—
	全国	596 891	102 331	699 222	2.2
2017—2018	联邦	100 428	26 495	126 923	—
	旁遮普省	295 893	44 910	340 803	—
	信德省	152 298	13 705	166 003	—
	开伯尔–普什 图赫瓦省	126 149	16 494	142 643	—
	俾路支省	47 107	5 673	52 780	—
	全国	721 875	107 277	829 152	2.4
2018—2019	联邦	103 787	21 780	125 567	—
	旁遮普省	339 402	32 413	371 815	—
	信德省	153 492	9 110	162 602	—
	开伯尔–普什 图赫瓦省	132 516	20 195	152 711	—
	俾路支省	49 298	6 029	55 327	—
	全国	778 495	89 527	868 022	2.3

① Economic Adviser's Wing，Finance Division.Pakistan economic survey 2020-21 ［ R ］.Islamabad：Economic Adviser's Wing，Finance Division，2021：206.

续表

年度	地点	教育支出			
		经常性支出 / 百万卢比	发展性支出 / 百万卢比	总支出 / 百万卢比	占 GDP 比例 /%
2019—2020	联邦	83 266	31 300	114 566	—
	旁遮普省	182 616	35 378	217 994	—
	信德省	165 028	5 427	170 455	—
	开伯尔-普什 图赫瓦省	28 161	18 088	46 249	—
	俾路支省	53 640	8 111	61 751	—
	全国	512 711	98 304	611 015	1.5

各省教育预算拨款仅占省级公共部门总预算的 25% 左右，鉴于教师工资的重要性，与工资有关的开支占教育预算的大部分[①]（见表 9-8）。

表 9-8　巴基斯坦各省教育公共财政支出概况

项目	旁遮普省	信德省	开伯尔-普什 图赫瓦省	俾路支省
教育预算占总预算 的百分比 /%	24	22	26	19
人均支出 / 卢比	2 539	3 246	4 137	3 605
每个学龄儿童 （5～14 岁）支出 / 卢比	9 758	10 766	13 753	10 427
每个入学儿童支出 / 卢比	16 756	27 202	22 879	46 397

第三节　巴基斯坦教育的发展趋势

要实现教育发展的目标，巴基斯坦需要着力加大教育资金投入、深化国家课程改革、注重青年技能培养、提升教师队伍质量，以及创新国际教育交流。

---

① Ministry of Federal Education and Professional Training.National education policy 2017 ［Z］. Islamabad：Ministry of Federal Education and Professional Training，2017：163-164.

一、加大教育经费投入

教育经费投入的增长可以为教育改革和发展提供重要支撑，因而教育经费投入一直是巴基斯坦政府着力推进的方面。从 2006—2019 年巴基斯坦教育支出的数据看，教育支出处于持续增长态势（见图 9-3）。

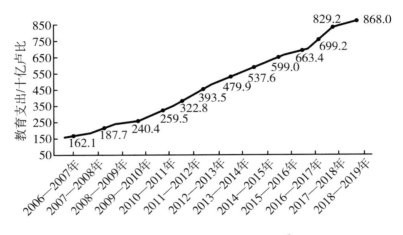

图 9-3　巴基斯坦教育支出趋势[1]

巴基斯坦教育规划与管理研究院建议，政府需要将公共教育支出占GDP 的比例提高到至少 4%；在联邦和省级教育预算中，职业技术教育的比例需要提高到合理水平，以使劳动力具备所需的技术和职业知识与技能；各省应该增加额外资金来源，而不应该只依赖联邦资金；可以制定战略来帮助实现所有国家目标，尤其是可持续发展目标；可以确保各利益相关者之间的有效协调，根据国家政策和国际承诺（如到 2030 年实现的可持续发展目标）等，制定实施省级教育部门计划的战略。[2]

① Economic Adviser's Wing，Finance Division.Pakistan economic survey 2020-21［R］. Islamabad：Economic Adviser's Wing，Finance Division，2021：206.

② Academy of Educational Planning and Management.Public financing in education sector 2018-19［M］. Islamabad：Academy of Educational Planning and Management，2019：31.

二、深化国家课程改革

为减少巴基斯坦学校系统的分散性和不平等现象，创建现代化的统一教育系统，为所有巴基斯坦儿童提供获得优质教育的公平和平等的机会，巴基斯坦于 2020 年发起了新一轮国家基础教育课程改革——单一国家课程（Single National Curriculum）改革。巴基斯坦政府认为，教育课程在国家建设中发挥着关键作用，在全国范围内制定统一的课程是建设强大国家的重要一步，也是当前巴基斯坦的优先事项。原计划是在 2021 年 3 月完成 1至 5 年级的单一国家课程改革，到 2022 年 3 月完成 6 至 8 年级的单一国家课程改革，2023 年 3 月完成 9 年级和 12 年级的单一国家课程改革。[①] 前两个阶段任务已经顺利完成。

单一国家课程基于所有学科的标准、基准和结果，课程内容符合可持续发展目标，与国际数字与科学学习趋势项目内容框架一致，致力于培养学习者诚实、宽容、尊重、和平共处、环境意识和关怀、民主、人权、可持续发展、全球公民、个人关怀和安全等原则和特质，侧重于通过基于活动的方法，而不是静态的以教师为中心的学习，培养分析性、批判性和创造性思维。单一国家课程将在巴基斯坦所有学校全面实施，包括公立学校、私立学校和伊斯兰宗教学校。[②]

为推进课程改革的实施，联邦教育与专业培训部与多个省和地区组织进行了有关课程改革政策的协商和对话，参与其中的有公共部门代表、出版商、中小学教师和家长，这种方式有利于课程改革方案的完善和切实执行。深入推进国家课程改革，是巴基斯坦政府正在进行的重要工作。

三、注重青年技能培养

近 10 年来，巴基斯坦人口增长率均在 2% 以上，人口长期较快的增长抵消了经济增长的减贫效应，失业率居高不下，日益增长的青年劳动力无法充分就业，2016—2018 年，巴基斯坦 15 ～ 24 岁人口的失业率在 7% 以

---

① MOFEPT.Single national curriculum［EB/OL］.［2020-01-23］. http：//mofept.gov.pk/ProjectDetail/MzkyNDc2MjMtY2VjYy00ZDA4LTk5OTUtNzUyNDI3ZWMzN2Rm.

② MOFEPT.Salient features of single national curriculum Pre I-V［EB/OL］.［2022-02-10］. https：//snc.gov.pk/GoPInitiative.

上，并呈上升趋势。①《巴基斯坦 2025 愿景》预计，到 2025 年，巴基斯坦人口将增至 2.27 亿以上，且青年的比例也将大大增加（30 岁以下的人口约占 63%）。这意味着可以提供大量富有创造力和活力的年轻人，促进经济增长和繁荣，但也意味着有大量的劳动力在寻找工作，经济需要为之创造就业机会。此外，由于缺乏合格的教师、激励机制和问责机制、能力本位的培训和评估、与企业和市场的联系等，巴基斯坦技能教育的相关性小、质量较低。② 以上导致巴基斯坦从业人员的技能短缺和失配。巴基斯坦需要高等教育和技能部门培养市场相关、特定工作技能的人才。③

教育和培养持续增长的青年人口，就可以利用巨大的人口红利，推动巴基斯坦的经济增长和社会现代化。巴基斯坦政府已经充分认识到这一点。巴基斯坦联邦政府于 2019 年发布《国家青年发展框架》，倡导和支持省级政府和私营部门，赋予青年社会、经济和政治权利，确保青年获得技术、职业和公民教育机会，满足其积极参与社会生活的需要。④ 依据《国家青年发展框架》，"巴基斯坦青年发展项目"已经在实施中，青年技能培养及就业机会的提供是巴基斯坦联邦政府、省级政府、私营部门的共同责任。

四、提升教师队伍质量

提升教师队伍质量一直是巴基斯坦每个五年计划的重要组成部分。第一个五年计划（1955—1960 年）中，巴基斯坦政府为中学教师培训和教育研究制定了以下目标：增加对教师的培训；开设 2 所新学院和 5 个教育推广中心，培养具有硕士学位的教师和为在职教师提供培训；减少未受过培训的中学教师数量，提高教师培训的质量；倡导大学、教师培训学院和其他教育机构开展教育研究。第二个五年计划（1960—1965 年）着力改善培

---

① 郭燕，董瑞昶，汪力斌，等.巴基斯坦减贫政策回顾及中巴减贫合作展望［J］.世界农业，2020（12）：79-86，107.

② Ministry of Federal Education and Professional Training.National education policy framework 2018［Z］.Islamabad：Ministry of Federal Education and Professional Training，2018：12.

③ Ministry of Federal Education and Professional Training.National education policy framework 2018［Z］.Islamabad：Ministry of Federal Education and Professional Training，2018：5.

④ Prime Minister's Office.National youth development framework［Z］.Islamabad：Directorate of Electronic Media and Publications，2019：2.

训学院、初级培训学院和小学培训机构的设施，以满足当时对教师的需求。第三个五年计划（1965—1970 年）着力提升教师的质量，以解决教学水平低下造成的辍学和考试不通过问题，长期目标则是提高中小学教师的最低教育资格标准。第四个五年计划（1970—1975 年）鼓励培训学院开展教育研究项目，关注对科学、数学等课程教师的培训。第五个五年计划（1978—1983 年）强调教育研究，鼓励培训学院和大学的教育学院扩大研究生项目，培养教育学硕士。第六个五年计划（1983—1988 年）注重招聘和培训中学教师，尤其是男性教师。第七个五年计划（1988—1993 年）侧重提高新入职教师的最低资格标准、更新教师培训项目的结构和课程、提升教师培训机构的管理，以及提供更好的职业前景和持续的在职教育，通过奖励等形式鼓励良好的工作业绩。第八个五年计划（1993—1998 年）通过提供远程学习、建立教师资源中心、在农村地区开展移动学习培训项目、在职培训等途径提高在职教师的质量。[1]

21 世纪以来，巴基斯坦政府愈加认为，教师是教育系统中最重要的组成部分，因而更是加快了各级各类教育的教师队伍建设，教师的数量呈增长趋势（见表 9-9）。

表 9-9　巴基斯坦教师数量统计 [2]

单位：千人

年度	小学 ^	中间学校	初中	高中	学位学院	职业教育机构	大学	合计
2012—2013	428.8	362.6	489.6	132.0	48.8	16.1	77.6	1 555.5
2013—2014	420.1	364.8	500.5	124.3	26.0	16.4	77.6	1 529.7
2014—2015	430.9	380.8	514.2	118.1	36.6	19.4	88.3	1 588.3
2015—2016	444.6	394.2	529.5	123.1	37.1	18.2	83.4	1 630.1
2016—2017	475.2	455.4	560.6	120.3	37.9	18.2	58.7	1 726.3
2017—2018	522.4	448.1	563.3	123.2	41.2	18.2	56.9	1 773.3

---

[1]　MALIK M.Human resource development of teachers at elementary and secondary level ［D］. Nowshera：Northern university，2018：40-49.

[2]　Economic Adviser's Wing，Finance division.Pakistan economic survey 2020-21 ［R］.Islamabad：Economic Adviser's Wing，Finance Division，2021：202.

续表

年度	小学∧	中间学校	初中	高中	学位学院	职业教育机构	大学	合计
2018—2019*	494.3	448.6	567.1	128.1	41.2	18.2	60.3	1 757.8
2019—2020**	506.8	466.4	582.0	127.4	40.2	18.6	58.0	1 799.4

注：＊：暂时；＊＊：估计；∧：包括学前、宗教学校，基础教育社区学校和人力发展委员会。

　　《巴基斯坦 2025 愿景》对教育的规划包括①：将小学入学率和完成率提高到 100%，识字率提高到 90%；将高等教育覆盖率从 7% 提高到 12%，博士生数量从 7 000 人增加到 15 000 人；将小学和中学性别均等指数提高到 1，并将女性劳动力参与率从 24% 提高到 45%。以上目标的实现，关键的一环是教师。巴基斯坦虽然进行了数次提升在职培训、职前教师培养项目和教师招聘的改革，但成效较小，且三种教育系统中教师质量和技能差别较大。② 因此，在持续增加教师队伍数量的同时，还要进一步提升教师队伍的质量。

五、创新中巴教育交流

　　中巴两国于 1951 年建交，1978 年正式建成通车的喀喇昆仑公路成为连接中巴的纽带。2004 年，巴基斯坦首都伊斯兰堡修建"周恩来大道"。2015 年中巴签署"联合声明"，巴基斯坦成为中国"全天候战略合作伙伴"。伴随中巴双方持续的政治、经济和文化交流，中巴教育交流日益紧密。

　　中巴教育交流主要体现在孔子学院、职业技术教育和高等教育方面。中国在巴基斯坦设立的孔子学院有伊斯兰堡孔子学院（北京语言大学）、卡拉奇大学孔子学院（四川师范大学）、费萨拉巴德农业大学孔子学院（新疆农业大学）和旁遮普大学孔子学院（江西理工大学）。孔子学院在传播和交流中华优秀传统文化方面发挥着重要的作用。

---

① Ministry of Planning，Development and Reform.Pakistan vision 2025［Z］.Islamabad：Government of Pakistan，2014：101.

② Ministry of Federal Education and Professional Training.National education policy framework 2018［Z］.Islamabad：Ministry of Federal Education and Professional Training，2018：4.

中国与巴基斯坦职业技术教育进行了多方面的合作交流，合作或援建办学是其中较为显著的方面。以巴基斯坦旁遮普天津技术大学、巴基斯坦"鲁班工坊"、巴基斯坦瓜达尔职业技术学校，以及巴基斯坦 – 中国职业技术学院等项目为例。巴基斯坦旁遮普天津技术大学项目是中国天津职业技术师范大学、天津工业大学、天津城建大学联合旁遮普省技术教育与职业培训局在 2018 年开展的跨境办学项目，项目位于拉合尔市，设有工程技术学院、纺织工程技术学院和建筑工程学院 3 个学院，包含 7 个专业，开展教师与学生的交流与培训、留学生教育，由中方派出骨干教师和管理人员在巴基斯坦执行教育管理与教学任务。巴基斯坦"鲁班工坊"项目由中国天津现代职业技术学院和旁遮普省技术教育与职业培训局于 2018 年合作启动，项目设立在旁遮普省技术教育与职业培训局总部，占地 560 平方米，分为职业技术培训区和专业汉语培训区，开设机电一体化技术和电气自动化技术等专业，开展学历教育和职业技术培训，为巴基斯坦培养机电一体化和自动化专业技能人才，对口服务旁遮普省中资企业工业园区。[①] 巴基斯坦瓜达尔职业技术学校由我国政府援建，于 2021 年 10 月建成，学校预计每年可培养超过 1 000 名技术人才，可为瓜达尔乃至俾路支省发展提供巨大助力。巴基斯坦 – 中国职业技术学院由中国商务部援建，2023 年 1 月建成，旨在为瓜达尔港口及俾路支省提供技术人才，推动中巴经济走廊高质量发展。

中巴两国在高等教育方面交流相对密切。例如，2005 年《中国国家留学基金管理委员会与巴基斯坦高等教育委员会关于巴基斯坦政府奖学金来华研究生项目谅解备忘录》中为巴基斯坦 1 000 名来华攻读博士学位的大学青年教师和科研人员安排博士课程学习。[②] 清华大学和北京师范大学先后承接多期巴基斯坦教师培训项目。成立巴基斯坦 – 中国工程技术大学则是共享优质教育资源、联合培养工程技术人才的重要举措。该校为中国的清华

---

① 陈晓曦，张元."一带一路"视野下我国职业技术教育对外援助与合作探析：以巴基斯坦为例[J].职教通讯，2021（8）：108-113.

② 中华人民共和国教育部.留学基金委与巴基斯坦高等教育委员会签署《项目谅解备忘录》[EB/OL].（2005-04-06）[2018-09-29].http：//www.moe.gov.cn/jyb_xwfb/gzdt_gzdt/moe_1485/tnull_6690.html.

大学、北京科技大学、北京交通大学、华北电力大学、北京航空航天大学、北京理工大学和北京邮电大学等 7 所大学组成的大学联合体，以高校援建的形式共同培养土木工程、能源工程、航空航天工程、电子工程以及信息通信工程等领域的专业人才，为巴基斯坦的发展和"一带一路"项目储备工程技术人才。[①]

　　总体上，巴基斯坦与中国的教育交流主要遵循"走出去"的方式，很多学者和留学生到中国交流和学习，这有助于他们开阔视野，沉浸式体验和理解中国的文化、民族精神，以及社会发展状况。巴基斯坦还需要在扩充原有的"走出去"教育交流内容和拓展渠道的同时，通过"请进来"的方式扩大中巴教育交流合作。首先，扩大中国学者和学生去巴基斯坦交流学习的机会，为中国学者和学生了解和学习巴基斯坦的语言和文化，以及中巴的深入合作提供条件。[②]其次，巴基斯坦可以为中国在巴基斯坦的办学提供更多空间、条件和制度支持，合作分析两国人才需求和设计科学的人才培养方案，为两国培养既有专长又可以服务于两国合作发展的专业人才。最后，巴基斯坦可以聘请中国专家学者为之在中小学和大学增设有关中国语言、历史、文化的通识课程，增进巴基斯坦儿童和青年对中国社会文化的了解和认知。

　　除了传统的合作交流，中巴可以建立线上教育平台，加强中巴高校线上合作。巴基斯坦和中国高校可以充分考量自身的专业优势和各自的教育需求，合作开发网络教育的开放课程和资源库，包括乌尔都语和中文的语言学习，以及其他专业的学习，构建适于线上学习的课程体系和学分与学位互认制度，打造线上教育合作交流模式。[③]以教育教学为核心，构建线上教育平台的导师团队，定期举办教学和学术研究会议，可以很好地推动中巴两国的教学和学术研究交流与合作。

---

① 史雪冰，张欣.中国高校在巴基斯坦高等教育 2025 愿景中的机遇与作为［J］.比较教育研究，2019（4）：28-36.

② 史雪冰，张欣.中国高校在巴基斯坦高等教育 2025 愿景中的机遇与作为［J］.比较教育研究，2019（4）：28-36.

③ 白玲，安立魁.智慧教育：中巴高校合作的战略选择与施为路向：基于巴基斯坦《高等教育 2025 愿景》［J］.比较教育研究，2020（7）：27-34.

参考文献

［1］TAHIR A G.Higher education marketing: a comparative study of private universities in Pakistan and Malaysia ［D］.Islamabad: International Islamic University, 2017.

［2］KHAN N, BHATTI M A, HUSSAIN K S, et al. Early childhood education in Pakistan ［M］.Islamabad: Academy of Educational Planning and Management , 2017.

［3］Academy of Educational Planning and Management.Public financing in education sector 2018−19 ［M］.Islamabad: Academy of Educational Planning and Management, 2019.

［4］MALIK A H.A comparative study of elite−english−medium schools, public schools, and islamic madaris in contemporary Pakistan: the use of Pierre Bourdieu's theory to understand "inequalities in educational and occupational opportunities" ［D］.Toronto: University of Toronto, 2012.

［5］HOORANI A, HUSSAIN N.Agents of change: the problematic landscape of Pakistan's K−12 education and the people leading the change［M］.Karachi: Oxford University Press, 2021.

［6］RUGH A B.International development in practice: education assistance in Egypt, Pakistan, and Afghanistan ［M］.New York: Palgrave Macmillan, 2012.

［7］Asian Development Bank.School education in Pakistan: a sector assessment ［M］.Mandaluyong City: Asian Development Bank, 2019.

［8］KHIZAR A.Compatibility of national education policy as well as national standards for teachers with professionalism in teacher education ［D］.Sargodha: University of Sargodha, 2018.

［9］SHAKOOR A, AZEEM M, DOGAR A H, et al.1947—2008

evaluation of elementary education in Pakistan [J] .International journal of humanities and social science, 2011 (15): 270-276.

[10] NING B, RIND I A, ASAD M M.Influence of teacher educators on the development of prospective teachers' personal epistemology and tolerance [J] .SAGE open, 2020, 10 (1): 1-14.

[11] CHAMADIA S, SHAHID M.Skilling for the future: evaluating post-reform status of "skilling Pakistan" and identifying success factors for TVET improvement in the region [J] .Journal of technical education and training, 2018, 10 (1): 1-14.

[12] FAROOQ M S, YUAN T K.The role of READ (Rural Education and Development) foundation in quality education of Pakistan [J] .Journal of education and practice, 2016, 7 (19): 1-9.

[13] SHAMIM F, RASHID U.The English/Urdu-Medium divide in Pakistan: consequences for learner identity and future life chances [J] .Journal of education and educational development, 2019, 6 (1): 43-61.

[14] CHANG F H.Teacher education policies and programs in Pakistan: the growth of market approaches and their impact on the implementation and the effectiveness of traditional teacher education programs [D] .East Lansing: Michigan State University, 2014.

[15] BEREDAY G Z F.Sir Michael Sadler's "study of foreign systems of education" [J] .Comparative education review, 1964, 7 (3): 307-314.

[16] Higher Education Commission.National qualification framework of Pakistan 2015 [Z] .Islamabad: Higher Education Commission, 2015.

[17] Higher Education Commission.Curriculum of economics BS [Z] . Islamabad: Higher Education Commission, 2018.

[18] Higher Education Commission.Curriculum of education [Z] . Islamabad: Higher Education Commission, 2010.

[19] Higher Education Commission.Higher education development program [Z] .Islamabad: Higher Education Commission, 2019.

[20] TAYLOR J. Pakistan Higher Education Commission vision 2025

［Z］.London：Universities UK International，2017.

［21］Higher Education Commission.The Higher Education Commission policy on PHD degree programs［Z］.Islamabad：Higher Education Commission，2021.

［22］KHAN H.Impact of computer-based instruction on the academic achievements of secondary schools' students of mathematics in district Peshawar （Pakistan）［D］.Peshawar：Qurtuba University of Science and Information Technology，2020.

［23］HUSAIN I.Pakistan's economy and regional challenges［J］. International studies，2018，55（3）：253-270.

［24］SHIN J C，TEIXEIRA P，et al.Encyclopedia of international higher education systems and institutions［EB/OL］.［2018-10-15］.https：// doi.org/10.1007/978-94-017-9553-1_578-1.

［25］ROSBACH K，ALEKSANYAN L.Why Pakistan's economic growth continues to be balance-of-payments constrained［Z］.Mandaluyong： Asian Development Bank，2019.

［26］PAULO M，SCHLEBER E.Linking training in institutes with the workplace［M］.Bonn：Deutsche Gesellschaft für Internationale Zusammenarbeit（GIZ）GmbH，2018.

［27］Ministry of Education.National education policy2009［Z］. Islamabad：Ministry of Education，2009.

［28］Policy and Planning wing，Ministry of Education.National professional standards for teachers in Pakistan［S］.Islamabad：Government of Pakistan，2009.

［29］Ministry of Federal Education and Professional Training.Curriculum for mathematics Grade I-V 2020［Z］.Islamabad：Government of Pakistan，2020.

［30］Ministry of Federal Education and Professional Training.National education policy framework 2018［Z］.Islamabad：Ministry of Federal Education and Professional Training，2018.

［31］Ministry of Federal Education and Professional Training. National education policy 2017［Z］.Islamabad：Ministry of Federal Education and Professional Training，2017.

［32］Ministry of Federal Education and Professional Training.Skills for growth and development：a Technical and Vocational Education and Training （TVET）policy for Pakistan［Z］.Islamabad：Ministry of Federal Education and Professional Training，2015.

［33］Ministry of Federal Education and Professional Training. Minimum standards for quality education in Pakistan：attaining standards for improved learning outcomes and school effectiveness［Z］.Islamabad：Ministry of Federal Education and Professional Training，2016.

［34］Ministry of Planning，Development and Reform.Pakistan vision 2025［Z］.Islamabad：Government of Pakistan，2014.

［35］Annual Plan 2020－2021［Z］.Islamabad：Government of Pakistan，2020.

［36］AKHTAR M.A study of determinants of quality assurance of teacher education programs at university level in Pakistan［D］.Bahawalpur：The Islamia University of Bahawalpur，2021.

［37］KHAN M A.The status of early childhood education in Pakistan：inside stories［J］.Contemporary issues in early childhood，2018，19（3）：310－317.

［38］MALIK M.Human resource development of teachers at elementary and secondary level［D］.Nowshera：Northern University，2018.

［39］National Accreditation Council for Teacher Education.NACTE annual report 2017－2018［R］.Islamabad：National Accreditation Council for Teacher Education，2019.

［40］KHAN N.Comparative analysis of MPhil/PhD education programmes in public and private sector universities in Khyber Pakhtunkhwa，Pakistan［D］.Peshawar：Sarhad University of Science and Information Technology，2016.

［41］National Accreditation Council for Teacher Education.National standards for accreditation of teacher education programs［Z］.Islamabad：National Accreditation Council for Teacher Education，2009.

［42］National Assembly of Pakistan.Constitution（Eighteenth Amendment）［Z］.Islamabad：National Assembly of Pakistan，2010.

［43］National Curriculum Council.Early childhood care and education grade pre I 2020［Z］.Islamabad：Ministry of Federal Education and Professional Training，2020.

［44］National Curriculum Council. Religious education grade I – V 2020［Z］.Islamabad：Ministry of Federal Education and Professional Training，2020.

［45］National Vocational and Technical Training Commission.Manual on curriculum development for NVQF qualifications［Z］.Islamabad：National Vocational and Technical Training Commission，2015.

［46］National Vocational and Technical Training Commission. Manual 2：assessment of NVQF qualifications［Z］.Islamabad：National Vocational and Technical Training Commission，2017.

［47］National Vocational and Technical Training Commission. National Vocational Qualifications Framework（NVQF）：To deliver a skilled and qualified workforce in Pakistan（version 2）［Z］.Islamabad：National Vocational and Technical Training Commission，2017.

［48］SHAH D，KHAN M I，YASEEN M，et al.Pakistan education statistics 2017-18［Z］.Islamabad：National Education Management Information System，2021.

［49］RIZVI N F，KHAMIS A. Review of DFID and USAID initiatives for the development of teacher education in Pakistan［J］.Compare：a journal of comparative and international education，2019，50（8）：1210-1221.

［50］SARANGAPANI P M，PAPPU R，et al.Handbook of education systems in South Asia［M］.Singapore：Springer Nature Singapore Pte Ltd.，2020.

［51］HOODBHDY P.Education and the state：fifty years of Pakistan［M］.

Karachi：Oxford University Press，1998.

　[52] PESRP.Recruitment of teachers [EB/OL]．（2017-9-30）.http：//pesrp.edu.pk/pages/Teachers-Recruitment.

　[53] BLOOD P. Pakistan，a country study [M]．Whitefish：Kessinger Publishing，LLC，1995.

　[54] Prime Minister's Office.National youth development framework 2020 [Z]．Islamabad：Directorate of Electronic Media and Publications，2019.

　[55] ZIA R.Religion and education in Pakistan：an overview [J]．Prospects，2003，33（2）：165-178.

　[56] KHALID S M，KHAN M F. Pakistan：the state of education [J]．The muslim world，2006，96（2）：305-322.

　[57] SHAH S A，KHAN M Z.Comparative analysis of TVET sector in Pakistan [R]．Islamabad：National Vocational and Technical Training Commission，2017.

　[58] School Education Department of Punjab.Punjab early childhood education policy 2017 [Z]．Lahore：Government of the Punjab，2017.

　[59] Secondary Education Department.Balochistan education sector plan 2020-25 [Z]．Quetta：Government of Balochistan，2020.

　[60] RICHTER S.A system dynamics study of Pakistan's education system：consequences for governance [J/OL]．（2018-12-13）.https：//doi.org/10.1002/isd2.12065.

　[61] KHAN T A，CHRISTENSEN T.Challenges of implementing a performance and reward system in higher education institutions in Pakistan：perceptions of top leaders in contending regulatory bodies [J]．Public organization review，2021（21）：243-262.

　[62] The Quality Assurance Agency for Higher Education.Country report：the Islamic Republic of Pakistan [R]．London：QAA，2017.

　[63] The World Bank.Baluchistan livelihoods and entrepreneurship project （P159292）[R]．Washington，DC：The World Bank，2020.

　[64] The World Bank.Pakistan@100：shaping the future [R]．

Washington，DC：The World Bank，2019.

［65］The World Bank.Pakistan: skills assessment for economic growth［R］. Washington，DC：The World Bank，2019.

［66］UNESCO.Pakistan TVET country profile［R］.Bonn：UNESCO- UNEVOC International Centre for Technical and Vocational Education and Training，2021.

［67］UNESCO，USAID.Situation analysis of teacher education in Pakistan：towards a strategic framework for teacher education and professional development［R］.Islamabad：UNESCO，2006.

［68］UNESCO.UNESCO Pakistan country strategic document 2018- 2022［Z］.Islamabad：UNESCO，2019.

［69］UNICEF Pakistan.Every child learns：country programme of cooperation between the Government of Pakistan and UNICEF 2018-2022［R］. Islamabad：UNICEF Pakistan，2019.

［70］UNICEF Pakistan.UNICEF Pakistan annual report 2018［R］. Islamabad：UNICEF Pakistan，2019.

［71］KHAN W.Quality of teacher education in Pakistan［J］.The dialogue，2015，X（2）：212-219.

［72］拉赫曼，布克哈瑞.巴基斯坦：宗教教育及其机构［J］.刘径华，译.南亚研究季刊，2007（1）：82-89.

［73］辛加尔.印度与世界文明：上卷［M］.庄万友，等译.北京：商务印书馆，2015.

［74］达尼.巴基斯坦简史：第一卷［M］.四川大学外语系翻译组，译.成都：四川人民出版社，1974.

［75］Ashraf Muhammad Azeem，杨美佳，张玉凤.巴基斯坦高等教育治理改革的现状与展望［J］.大学教育科学，2020（6）：72-78.

［76］M. Ashraf.巴基斯坦的教育体系简况［J］.南亚研究季刊，1995（2）：74-76.

［77］白玲，安立魁.智慧教育：中巴高校合作的战略选择与施为路向：基于巴基斯坦《高等教育2025愿景》［J］.比较教育研究，2020（7）：

27-34.

　　［78］陈恒敏.巴基斯坦高等学校的发展沿革及其类型特点探析［J］.南亚研究季刊，2018（1）：53-60，5.

　　［79］顾丽梅.政策不执行比没有政策更糟糕：防范"僵尸政策"刻不容缓［J］.人民论坛，2018（20）：33-35.

　　［80］郭燕，董瑞昶，汪力斌，等.巴基斯坦减贫政策回顾及中巴减贫合作展望［J］.世界农业，2020（12）：79-86，107.

　　［81］胡春梅.教育政策执行运行机制分析：以有关新课程改革政策在 X 省的执行为例［D］.北京：北京师范大学，2006.

　　［82］贾春燕.巴基斯坦语言生态及语言政策研究［J］.外国语言与文化，2020，4（2）：133-143.

　　［83］焦若水.巴基斯坦宗教学校：现状、问题与社会风险［J］.南亚研究季刊，2018（1）：61-69.

　　［84］孔亮.巴基斯坦概论［M］.广州：世界图书出版广东有限公司，2016.

　　［85］李德昌.巴基斯坦的政治发展：一九四七—一九八七［M］.成都：四川大学出版社，1989.

　　［86］李孔珍，李鑫.新时代教育政策执行研究新思考［J］.河北大学学报（哲学社会科学版），2021，46（4）：99-106.

　　［87］林太.印度通史［M］.上海：上海社会科学院出版社，2012.

　　［88］刘复兴，邢海燕.论教育政策执行评估中的公众参与问题［J］.华南师范大学学报（社会科学版），2021（3）：54-61.

　　［89］中华人民共和国教育部.留学基金委与巴基斯坦高等教育委员会签署《项目谅解备忘录》［EB/OL］.（2005-04-06）［2018-09-29］.http://www.moe.gov.cn/jyb_xwfb/gzdt_gzdt/moe_1485/ tnull_6690.html.

　　［90］莫海文.巴基斯坦教师专业标准研究［J］.教育评论，2011（1）：159-161.

　　［91］史雪冰，张欣.中国高校在巴基斯坦高等教育 2025 愿景中的机遇与作为［J］.比较教育研究，2019（4）：28-36.

　　［92］宋红梅，徐畅.巴基斯坦双语和多语环境下的语言政策研究［J］.

江苏师范大学学报（哲学社会科学版），2020，46（2）：44-52，123.

［93］田文林. 宗教、民主：两个"致命"点：访学巴基斯坦的思考［J］. 世界知识，2009（14）：35，38-39.

［94］王善迈，赵婧. 教育经费投入体制的改革与展望：纪念改革开放 40 周年［J］. 教育研究，2018（8）：4-10.

［95］王易之，梁沛，孙璐. 中国助力巴基斯坦经济发展［J］. 中国金融，2021（3）：92-93.

［96］王长纯. 比较初等教育［M］. 北京：首都师范大学出版社，2004.

［97］薛克翘. 印度古代文化史［M］. 北京：中国大百科全书出版社，2016.

［98］杨翠柏，刘成琼. 巴基斯坦［M］. 北京：社会科学文献出版社，2005.

［99］马里克. 巴基斯坦史［M］. 张文涛，译. 北京：中国大百科全书出版社，2010.

［100］逸民. 巴基斯坦节日简介［J］. 南亚研究，1985（4）：64-71.

［101］袁振国. 教育政策学［M］. 南京：江苏教育出版社，2001.

［102］张任重. 哈拉帕文明：南亚次大陆古文明之源［J］. 大众考古，2019（7）：91.

［103］陈晓曦，张元. "一带一路"视野下我国职业技术教育对外援助与合作探析：以巴基斯坦为例［J］. 职教通讯，2021（8）：108-113.

［104］赵东升. 印度河文明行记［J］. 大众考古，2020（12）：25-35.

［105］中国地图出版社. 巴基斯坦［M］. 北京：中国地图出版社，2018.